The Places That Scare You

A Guide to Fearlessness in Difficult Times

ペマ・チョドロン
えのめ有実子【訳】

チベットの生きる魔法

苦しみも怒りも「喜び」に変えて心安らかに暮らす知恵

はまの出版

「何事も恐れない」とはどういうことか教えてくれた
第十六世カルマパ、ランジュン・リグペー・ドルジェ師、
ディルゴ・ケンツェ・リンポチェ、
そしてチョギャム・トゥルンパ・リンポチェに

謝辞

　この本の出版にあたって、特に五人の方たちに謝意を表したいと思います。修道の仲間であるティンツィン・オトロは、私の講話のために非常に貴重な働きをしてくれました。タマル・エレンタックは、どんなに困難なときも有能で誠実な秘書として働いてくれました。ジジ・シムズの口述筆記の腕前はすばらしいです。親友のヘレン・トゥヴォルコフが私に提供してくれた書斎は完璧でした。そして何よりも長年の友であり編集者であるエミリー・ヒルバーン・セルに。この何事も恐れることのない「戦士」は、本書の完成のために全精力を注いでくれました。

　また、過去五年間にわたって、私の講話を記録にとどめてくれた多くの人たちにも感謝します。ミグメ・チョドロン、リン・バン・デ・ブント、ユージン・タシマとヘレン・タシマ、スーザン・ストーウェンズ、アレクシス・ショー、ビル・フェルとアイリーン・フェル、ロハナ・グリーンウッド、そしてバーバラ・ブローインに。

　ソールダッド・ゴンザレスの愛あふれる優しさにも感謝します。

　ジョコ・ベックとエズラ・ベイダにも心から感謝します。二人の作品には大いに感銘を受けました。特に、瞑想《めいそう》についての章はエズラの影響を多く受けています。

　最後に、私の師、ツィガー・コントラル・リンポチェとサキョン・ミファム・リンポチェに心からの謝意を捧げます。二人は常に大きな心で、私の特質や隠れた欠点に気づかせてくれます。

チベットの生きる魔法　もくじ

チベットの生きる魔法

あなたの隠れた欠点を明らかにしなさい。
嫌悪を感じるものに取り組みなさい。
自分の力では助けられないと思う人々を助けなさい。
愛着を感じるものはすべて手放しなさい。
あなたの恐れる場所へ向かいなさい。

――チベットのヨーガ行者マチク・ラブドロンへの師からの助言

THE PLACES THAT SCARE YOU
by Pema Chödrön

Japanese translation published by arrangement with
Shambhala Publications, INC.
through The English Agency (Japan) Ltd.

プロローグ

私がみなさんにお話しするときは、まず、「思いやりの願い」から始めます。仏陀《ぶっだ》の教えを毎日の生活に当てはめ、そうすることで自分を含むすべての人たちが苦しみから解放されますように、と願うのです。

話の最中は、ぜひ「偏見のない心」を持ってくださいとお願いします。偏見のない心は、何の先入観もなしに世界を眺めるすばらしい子どもの心に似ています。禅の師である鈴木老師が言うように、「専門家はつい習慣にとらわれてしまうが、初心者の心は偏見を持たないがゆえに可能性に満ちている」のです。

話の終わりでは、このすばらしい機会によって、すべての人に幸福がもたらされますように、と願います。こうした友愛の気持ちは、新鮮な泉のしたたりにたとえることができます。その一滴を日に照らされた岩の上に置いたなら、すぐに蒸発してしまいます。でも、海に落としたなら、もはや失われることはありません。つまり、大切な教えを自分自身にとどめておくだけでなく、ほかの人たちのためにもなるようにと願うのです。

このようなやり方は、はじめよし、途中よし、終わりよしという「三つのすばらしい指針」と呼ばれているものに基づいています。この指針は、どんな日常の活動にも用いることができます。たとえば、朝の支度、食事をする、会議に出席するなど、何をするにも、偏見のない心、柔軟な心、優しい心でいようと、まず最初に決心します。そうすれば、常に好奇心いっぱいでいられます。私の師、チョギャム・トゥルンパ・リンポチェは、「人生を試みの場としなさい」とよく言いました。

最後に、自分の思い通りにできたと感じようとも、あるいは失敗だったと感じようとも、世界中のうまくいったりいかなかったりしている人々のことを考えながら、その活動を終えます。私たちの経験から学んだことは何でも、その人たちのためにもなるようにと願いながら。

このような思いから、私は思いやりのある「戦士」たちの訓練用に指導書を書くことにしたのです。この本が、はじめも途中も終わりも、みなさんの役に立ちますように。この本のおかげで、恐ろしくて行けない場所へと、私たちがたどりつけますように。そして、活気に満ちた生活を送り、悔いなく人生を終えることができますように。

第1章　すばらしいボーディチッタ

心で見なければ正しく見ることができない。
大切なものは目には見えない。
——アントワーヌ・ド・サンテグジュペリ

回物事を悪くとらない

私がボーディチッタのすばらしい教えを学んだのは、六歳ぐらいのときでしょうか。それは、日向ぼっこをしている老婦人からでした。私はだれも愛してくれない寂しさに腹を立てて、目につくものは何でも蹴飛ばしながら、その人の家のそばを通り過ぎようとしていました。彼女は笑いながら言いました。「お嬢ちゃん、物事は悪くとってはいけないよ」

そのとき、私はこの教えの核心をつかみました。何事も悪く受け止めれば、ますます苛立ち、不安がつのります。一方、柔軟に受け止めれば、もっと心優しくなれ、恐れに対しても心を開いていられます。私たちは、いつもどちらかを選ぶことができるのです。

「ボーディチッタとは何ですか」と仏陀に尋ねるとしたら、このままのほうがわかりやすいから翻訳するな、と答えられるでしょう。自分たちの生活の中にこの言葉の意味を見つけなさい、とおっしゃると思います。さらに、私たちを癒し、かたくなな心や、偏見と恐れで凝り固まった精神を一変させることができるのは、ボーディチッタだけだとおっしゃるかもしれません。どういうことでしょう。

チッタとは「精神」または「心」、あるいは「態度」のことです。ボーディは「目覚める」、「悟っている」、あるいは「完全に開け放つ」という意味です。完全に開け放たれた心と精神であるボーディチッタは、「柔らかい所」と呼ばれたりもします。むきだしの傷のように、もろく感じやすい場所だからです。「愛する心」と言ってもいいでしょう。

きわめて残酷な人々にも、この「柔らかい所」があります。最も強暴な動物といえども我が子を慈《いつく》しみます。トゥルンパ・リンポチェが言うように、「みんな何かを愛する。たとえそれがつまらないトルティーヤであっても」なのです。

ボーディチッタは「思いやりの心」でもあります。他人の痛みを自分のものと感じる心です。この心に気づかずに、私たちは苦痛から自分を守ろうとします。苦しむのが怖いからです。そして、いろんな意見や偏見などを使い、あの手この手で自分を守る壁を築きます。傷つくのが心底恐ろしくて築かれた障壁です。この壁はさらに、怒り、渇望、冷淡、嫉妬やねたみ、傲慢や思い上がりといった様々な感情でしっかりと塗り固められます。

でも、何かを愛し、思いやろうとする私たちの内面的な力、つまり「柔らかい所」は、自分で築きあげた壁の裂け目となってくれます。恐怖心が作りあげた壁に、いつのまにか壁穴を作ってくれるのです。訓練すれば、この壁穴を見つけることができるようになります。愛、感謝、孤独、困惑、無力感といった、傷つきやすい瞬間をつかみとることで、ボーディチッタを目覚めさせることができるのです。

ボーディチッタはまた「愛に破れた心」にたとえられます。愛に破れた心は、ときには不安やパニック、あるいは怒りや恨み、人を責める気持ちを生じさせます。でも、その固い鎧《よろい》の陰には、純粋な悲しみを感じる繊細な心が潜んでいるのです。この心が、だれかを愛したことのあるすべての人々を結びつけます。

この純粋な悲しみが、私たちに深い思いやりの心を教えてくれます。傲慢な心に謙虚さを、冷たい心に優しさを取り戻させてくれるのも、この悲しみの心です。眠ろうとする私たちを目覚めさせ、無関心でいようとする私たちの心を突き刺すのも、この心です。この絶え間ない心の痛みを十分に受け入れることで、私たちはすべての人と痛みを分かち合うことができるのです。

仏陀は、人はいつか悟りをひらくことができる、とおっしゃっています。どれほどの窮地にあっても、私たちは目覚めることができるのです。これはすばらしい考えです。私たちのように、悩み多く混乱した心を持つごく普通の人間にも、ボーディチッタと呼ばれる「悟りの心」があるというのですから。

ボーディチッタのこだわりのない暖かさは、実は私たちの本当の性質であり、状態です。たとえ神経症的な感情が分別にまさろうとも、たとえひどく混乱し深い絶望を感じようとも、ボーディチッタは大空のように常にそこにあり、雲に隠されることがあっても、消え去ることはないのです。

私たちにとっては、空を隠す雲のほうがずっと身近ですから、仏陀の教えを信じるのはなかなか難しいかもしれません。でも、苦しみの真っ只中にいて、「これ以上耐えられない」と思うときこそ、ボーディチッタの気高い心に触れることができる瞬間です。つまり、苦しみの中にいても喜びの中にいても、いつでも触れることができるのです。

中東の小さな町に住む若い女性が、自分の体験したことについて手紙をくれました。その町の人々は、アメリカ人という理由だけで彼女やその友達をばかにし、大声で怒鳴っては石を投げつけるというのです。もちろん、彼女は恐ろしくてたまりませんでした。でも、あるとき彼女に不思議なことが起こりました。突然、過去から現在にいたるまでの、すべての虐《しいた》げられ蔑《さげす》まれた人たちの気持ちが理解できたというのです。少数民族であるとか、人種的に特殊な背景があるとか、性的な好み、あるいは性そのものなど、理由は何であれ、「軽蔑される」とはどういうことかがわかったのです。

心の中の小さなひびが大きく開き、彼女は何百万人という虐げられた人々の立場から新しく世界を見たのでした。そして、彼女を嫌っている人たちもみな自分と同じ人間であると気づいたのです。この深く結びついているという感覚、同じ仲間であると感じる心がボーディチッタなのです。

回マザー・テレサやキング牧師のように

ボーディチッタには二つのレベルがあります。ひとつは無条件のボーディチッタ、つまり概念や意見など、私たちがふだんとらわれてしまういろんなことから、爽快なくらいに解き放たれていることです。それは自然にあふれてくる非常によいものであり、「失うものなど何もない」ということを心の底から理解している状態です。二つ目は、相対的なボーディチッタです。苦しみに対しても心と精神を閉ざすことなく、開きつづけようとする私たちの能力のことです。

無条件のボーディチッタと相対的なボーディチッタを目覚めさせる訓練を積んだ人は、「菩薩《ぼさつ》」（ボーディサットヴァ＝悟りを求める者）、または「戦士」（worriors）と呼ばれます。「戦士」といっても、人を殺したり傷つけたりしません。世界の人々の叫び声に耳を傾ける、優しい戦士です。こうした人々は、男性でも女性でも、炎の只中に飛び込んで、喜んで鍛錬をおこないます。

炎の只中で鍛錬するということは、「戦士」つまり「菩薩」が、何らかの苦しみを和らげるために、困難な立場に足を踏み入れるという意味です。それはまた、個人的な思いや自己欺瞞《ぎまん》を捨て去り、ボーディチッタが持つ強烈なエネルギーをあらわにしようと身を捧げることをも指しています。

マザー・テレサやマーチン・ルーサー・キングなど、熟練した「戦士」の例はたくさんあります。彼らは、人間の最大の苦しみは私たち自身の攻撃的な心から生まれることに気づいていました。そして、人々にこの真実を理解してもらうために生涯を捧げました。ごく普通の人々の中にも、同じような目的で心と精神を開こうと鍛錬している人たちがたくさんいます。私たちも「戦士」として自分自身や世界とのかかわり方を学ぶことができます。訓練によって、勇気と愛を目覚めさせることができるのです。

この勇気と愛を掘り起こすためには、正式な方法と個人的な方法があります。喜び、手放し、愛し、涙を流す能力を育むための実践があります。不確かな状態でも心を開きつづける実践もありますし、習慣的に心を閉じてしまうようなときは、とにかくそのままの状態を保つ実践もあります。

「戦士」としての訓練は、場所を選びません。瞑想、愛あふれる優しさ、思いやり、喜び、平静さの実践をすることが、その手段なのですから。こうした訓練によって、柔らかい所、ボーディチッタをあらわにすることができます。悲しみの中にも、感謝の気持ちの中にも、優しさが潜んでいるのがわかります。怒りによる無慈悲さや、恐れからくる身震いの陰にも、優しさが隠れているのがわかります。心優しいときはもちろん、ひとり寂しいときにも優しさはあるのです。

「癒し」を求めてはいるけれど、辛い訓練はしたくないと思うのは当たり前のことです。でも、ボーディチッタの訓練はそんな類のものではありません。「戦士」が受け入れなければいけないのは、「次に何が起こるかわからない」ということです。私たちは、「安全な場所」はないか、先のことを何とか予測できないかと模索しながら、コントロールできないものをどうにかコントロールしようとします。常に安らぎや安全を求めて。でも、物事はすべからく不確かなものです。何が起きるかわからないというのは一種の冒険のようなものですが、だからこそ私たちは「恐れ」を感じるのです。

ボーディチッタの訓練は、決してハッピーエンドを約束するものではありません。そうではなく、安全な場所を求めようとする、この「私」、何かにしがみつきたがっている「私」を、最終的に成長させるところに意味があるのです。

◎恐れを抱いたまま生きるのですか？

「戦士」の訓練で最も重要な課題は、「どのように不確かさや恐れをなくすか」ということではなく、「いかにして苦痛とかかわるか」です。困難な状況や自分の感情、日常生活で直面する予測もできない事柄に、私たちはどのようにかかわっていけばいいのでしょう。

私たちは、巣から離れようとしない臆病な小鳥にとてもよく似ています。悪臭を放ち、もはや巣としての役目もはたさなくなっている巣なのに、まだその中に座っているのです。餌をくれる人はだれもいません。だれも守ってはくれないし、暖めてもくれません。それなのに、いつか母鳥が来てくれることを待ち望んでいるのです。

力を振り絞って、そんな巣から抜け出すことができるはずです。たしかに勇気がいります。何か助けとなるものも必要です。自分は「戦士」としての訓練ができるのだろうかと疑問に思うかもしれません。でも、そんなときはこう自問してみるのです。「私は成長して、人生を充実して生きたいのか、それとも恐れを抱いたまま生き、恐れながら人生を終えたいのか」と。

どんな人にも優しさを感じる能力があります。だれもが失望や苦痛や不確かさを経験しますから。ですから、悟りの心、ボーディチッタは、すべての人にあるのです。瞑想の教師ジャック・コーンフィールドは、ポルポト政権下にあるカンボジアで目撃したことを話してくれました。銃を突きつけられ、「仏教徒としての実践をつづけるなら殺す」と脅されて、五万人もの人々が共産主義者になりました。でも、こんな危険な状態にもかかわらず、難民キャンプには寺が建てられ、二万人もの人々が開所式に参加しました。寺では説教も祈祷《きとう》もありませんでした。ひたすら仏陀の中心的教えが唱えられていたのです。

憎しみをもって憎しみを止めることはできない
ただ、愛によってのみ癒される
これは古来よりもたらされた未来永劫の法則である

何千人という人々がすすり泣きながら唱和しました。この教えに含まれる偉大な真実に比べれば、自分たちの苦しみはちっぽけであることを知ったからです。

ボーディチッタには、このような力があるのです。順境にいても逆境にいても、私たちを励まし支えてくれます。それは、自分の中にあるはずもないと思っていた知恵や勇気を発見するのに似ています。どんな金属も黄金に変える錬金術のように、ボーディチッタは、どんな行動も言葉も考えも、思いやりを目覚めさせる手段としてしまうのです。

第２章　湧き出る泉のように

人間は、我々が「宇宙」と呼ぶ全体の一部であり、時間と空間の制約を受ける存在である。人間は、自分自身や自分の思考や感情を他から切り離されたものとして経験するが、それは意識が作りだす錯覚である。この錯覚は人間にとって牢獄のようなものであり、人間の欲望や愛情を身近にいるほんの少数の人にしか向けさせない。我々人間の務めは、理解と同情の輪を押し広げることでこの牢獄から自らを解き放ち、すべての命あるものと美しい自然を、心から受け入れることだ。

——アルバート・アインシュタイン

◎心の「牢獄」から抜け出そう

ガンポ・アビーの瞑想センターの基礎を掘っていたときのことです。岩盤に突き当たり、小さな割れ目があらわれました。一分後、そこから水が湧き出て、一時間後には力強い流れとなり、割れ目も大きく広がりました。

基本的な善良さ、ボーディチッタを発見することは、こんなふうに、固い岩盤にすっぽりと包まれている源泉を掘り当てるのに似ています。悲しみの核心に触れるとき、いやなことがあっても、何とかしようともがかずにじっと耐えるとき、否定されたり裏切られたりしてもその場にとどまり、それを大きな心で受け入れるとき、私たちはボーディチッタとつながっているのです。

この頼りなくも優しい場所を探し当てようとするとき、何かが変わります。そうした場にいるということは不安で、ためらいも感じますが、大きな安堵感も得ることができるのです。ほんの一瞬でもそこにとどまれば、真に自分自身をいたわっているように感じることができます。恐れを克服できるほどに深い思いやりの心を持つには、たしかに勇気が必要ですし、普通には信じられないことです。でも、やらねばなりません。

苦しみに出会ったとき、私たちは笑っていいのやら泣いていいのやら、わかりません。私たちはたくさんの知恵や優しさを持っているのに、知らず知らずのうちにその知恵や優しさを覆い隠してしまうのです。危険から身を守りたいからです。蝶々のような自由を経験できるはずなのに、どういうわけか、エゴという臆病でちっぽけな「まゆ」に包まれることを好むのです。

ある友人が、フロリダに住む、年取った両親のことを話してくれました。二人が住んでいるところは貧しい人たちが多く、暴力が本当に恐ろしいと感じられる地域でした。そのため、その地域の人たちは庭先に壁をめぐらし、番犬を置き、電動式のドアで身を守っています。もちろん、怖いものが中に入ってきてほしくないからです。友人の両親は日に日に壁の外へ出るのを恐れるようになりました。海へも行きたいし、ゴルフもしたい。でも、恐ろしくてできませんでした。

自分たちが買い物を頼んだ人なのに、その人に支払いをしているときですら、不安でたまらなくなってきました。やがて、家の修理に来た人たち、庭師や配管工、電気屋など、自分たちが門を開けて中に入ってもらった人たちにまで、ひどく怯《おび》えるようになったというのです。こうして二人はますます孤立し、とうとう先の予測ができない世界にはついていけなくなりました。エゴの働きも、これとそっくりです。

アルバート・アインシュタインも指摘しているように、人は自分が孤立していると思い込むと、この錯覚が「牢獄」となってしまいます。さらに悲しいことに、自由になれるとも思わなくなってしまいます。自分を守る壁が崩れ落ちると、私たちはなすすべを知りません。壁が崩れ始めるとどんなふうに感じるのか、私たちは知っておく必要があります。恐怖に身震いすることは成長につながり、何かを手放すには勇気がいるということを知っておく必要があります。エゴの働きを思いやりの心を持って知ろうとしなければ、自分の恐れる場所へ行く勇気を見つけることはできません。だから、こう自問するのです。「現状をどうにもできないと感じるとき、どうすればいいのだろう。どうしたら強くなれるのだろう。何を信じればいいのだろう」

仏陀は、「開かれた自在な心」は力をもたらし、何ものにもとらわれない状態から逃げようとすることは、私たちの力をそぎ、苦痛をもたらす、と教えています。でも、私たちは「逃げる」ということをよく理解しているでしょうか。「開かれた心」は恐れにあらがうことからは得られません。恐れをよく知ることから得られるのです。

自分の心の壁に大きなハンマーを手に立ち向かうのではなく、心の壁に注意を向けましょう。素直な落ち着いた気持ちでその壁に近づき、手に触れ、匂いを嗅ぎ、よく知るのです。すると、だんだんと自分の持つ嫌悪感や渇望についてわかり始めます。この壁を作りあげた方法や信念がわかってきます。今まで自分自身に言い聞かせてきたことは、どんなことだったのだろう。私は何がいやで、何に心惹かれるのだろう。

すると、今起きている事柄に好奇心が湧いてきます。つい良いとか悪いとか判断したくなりますが、そんな欲求は捨てて、できるだけ客観的に眺めるのです。自分をユーモアの感覚を持って観察するのです。くそ真面目に道徳や公正さを振りかざしたりはせずに。やがて年を追うにつれて、何が起きても心を開いて受け入れられるようになります。ゆっくりと、本当にゆっくりと壁の割れ目は大きくなり、まるで魔法のように、ボーディチッタが自由に流れ出すようになります。

◙私たちが身を守るための三つの方法

このボーディチッタがほとばしるようになるまで、私たちを支えてくれるのは、「三つの物質主義の王」という教えです。私たちは三つの方法でうつろいやすい不確かな世界から身を守ろうとします。これは私たちに「安全」という錯覚をもたらす三つの策略のことです。この教えを知ることで、エゴのやり口がよくわかるようになります。安らぎや安楽を求めつづけながら、私たちがいかに「恐れ」ばかり増大させているかも、よく理解できるようになります。

物質主義の一番目の王は、「形の王」と呼ばれています。私たちがいかに外にあるものに「拠り所」を求めようとするか、ということをあらわします。まず、私たちはどのような方法で「逃げる」のか見てみましょう。不安や憂うつ、退屈や孤独感に襲われたとき、私たちは何をするでしょう。いわゆる「買い物療法」で解消しますか。それとも酒や食べ物に手を伸ばしますか。薬やセックスで気晴らしするか、それとも冒険にでも出ますか。美しい自然やすばらしい本の世界に引きこもるほうがいいでしょうか。それともあちこち電話をかけたり、インターネットを楽しんだり、あるいは何時間もテレビを見て過ごすでしょうか。

危なっかしいのやら、おかしいのやら、当たりさわりのない方法もあります。肝心なのは、どれも、不安定な状態から「逃げる」ために用いられていることです。「形の王」に依存すると、苦しみを増やすもとを、ますます作ることになります。これでは、どんなに努力しても、決して満足を得ることができません。それどころか、いやな感情はどんどん強くなっていきます。

古くから「形の王」から生じる苦痛は、チーズの誘惑に勝てずに罠にかかったネズミにたとえられます。ダライ・ラマは、それをひとひねりして、こんなおもしろい話をしています。

少年のころ、彼はよくネズミを捕まえようとしていました。殺すためではなく、ネズミたちと知恵比べをしていたのです。なんでもチベットのネズミは普通のネズミよりずっと賢いそうで、彼は一匹も捕まえることができなかったといいます。それからは、ダライ・ラマにとってネズミは知恵に満ちた行為の模範となりました。人間と違ってネズミたちは、長く人生を楽しむためには、チーズという目先の楽しみは慎《つつし》むのが一番ということを知っているらしい、とダライ・ラマは考えました。彼は、私たちにもこのように生きるようにと勧めています。

私たちは、何か困った状況に陥っても、その状況について興味を持とうとはしません。エゴのやり口について深く考えてみようとはしないのです。そして、何もわからないまま、いつもの気晴らしに手を伸ばしては、どうして満足できないのだろうと訝《いぶか》るのです。

自分のしていることに注意を払う、それがボーディチッタの実践の根本です。批評することなく、今何が起きているのか、穏やかな心で観察するのです。そうすれば、やがて、もうこんなやり方で自分を傷つけるのはやめようと思えるようになるでしょう。

回常に自分が正しいと思いますか？

物質主義の二番目の王は「言葉の王」です。この王は、現実が「確かなもの」であると思わせるいろんな種類の信念を、私たちがどのように利用しているかをあらわします。確かな現実を示すために、政治的、生態学的、または哲学的、宗教的などの、あらゆる「主義」が利用されます。「政治的正しさ」などは、この王のやり口を示すいい例です。自分の見解こそが正しいと信じると、人は他人の失敗や欠点に対し、偏狭で偏見に満ちた態度を示します。

たとえば、自分の政治的信念に文句をつけられたら、どうしますか。ホモセクシャルや女性の権利、あるいは環境問題についての自分の考えに賛同を得られなかったら、どうでしょう。喫煙や飲酒に関する考えを否定されたら、どうなりますか。宗教的な考えを他人にわかってもらえないときは、どうしますか。

仏教の実践を始めたばかりの人は、瞑想や教義には非常に熱心です。新しいグループに入り、新しいものの見方を得て、うれしく感じます。でも、世界を違うふうに見ている人たちを批評するでしょうか。カルマ（業）を信じないからといって、その人たちに心を閉ざしてしまうでしょうか。

問題は、信念そのものではありません。自分の足元を安定させるために信念を利用すること、自分が正しくて他人が間違っていると言うために、その信念を用いること、自分のまわりで何が起きているのかわからないという居心地の悪さをなくすために信念を利用することが問題なのです。このことは、一九六〇年代に知り合ったある男性のことを思い出させます。不正義に対し抗議しているとき、彼は生き生きとしていました。でも、紛争が解決すると、意気消沈してしまうのです。そして、新たに憤慨するようなことが起こると、また元気になるのでした。

死刑囚監房にいるジャーヴィス・ジェイ・マスターズは仏教徒で、私の友人のひとりです。彼は『Finding Freedom』という自分の著書の中で、この「言葉の王」にそそのかされたとき、人はどのようになるか書いています。

ある晩、彼がベッドで本を読んでいると、隣の房のオマールが「ジャーヴィス、7チャンネルを見ろよ」と声をかけました。ジャーヴィスはテレビを映像だけにして、音声は消してありました。見てみると、たくさんの人々がこぶしを突き上げて怒っていました。「オマール、何があったんだい」と尋ねると、隣から答えが返ってきました。「クー・クラックス・クランだ。なんでもかでも悪いのはみんな黒人やらユダヤ人だってがなりたててるのさ」

少しして、またオマールが大声を上げました。「おい、テレビを見ろよ」。画面では、たくさんの人々が一団となって行進し、プラカードを振り、逮捕されていました。「すごく怒ってるみたいだな。みんな、どうしたんだ」「ジャーヴィス、環境保護団体のデモだよ。木を伐採するな、アザラシやなんかを殺すなって言ってるのさ。ほら、マイクを持って絶叫してる女もいるし、みんな怒鳴ってるぜ」

十分ほどしてまた、オマールが呼びかけました。「おい、ジャーヴィス、まだ見てるかい。おもしろいぜ」。今度はスーツに身を包んだ人たちが、何かで大騒ぎしていました。「こいつら、どうしたんだ」「ジャーヴィス、合衆国の大統領と議員たちだよ。全国向けのテレビなもんだから、お互い、景気が悪いのは相手のせいだと言いたくて、やっきになってるのさ」

「オマール、今夜はおもしろい発見をしたよ。クー・クラックス・クランの格好をしていようが、環境保護主義者の格好をしていようが、あんなに高そうなスーツを着ていようが、みんな怒ったときは同じ顔をしてるんだね」

何が真実か、非常に筋道の通った信念を持つ人は、「言葉の王」にとらわれてしまうことがあります。でも、自分の怒りは正当なのだと思ったら、それは、目標から遠く離れたという確かなサインであり、自分を変えようとする力が妨げられている印でもあります。信念や理想も、壁を築きあげる手段となりうるのです。

◎不安を取り除こうとすると罠に落ちる

三番目の王、「心の王」は最も巧妙に人を惑わします。「心の王」が働き始めるのは、私たちが不安を取り除こうとして特別な精神状態を求めるときです。薬物もいいでしょう。スポーツに熱中するとか、恋に落ちてもいいでしょう。あるいは、精神修養でもいいです。平常ではない精神状態を得るには、いろいろな方法があります。

このような特別な精神状態は、病みつきになります。平凡な日常から一気に解放してくれるのですから、とてもいい気分になり、さらに欲しくなるのです。たとえば、はじめて瞑想をする人は、訓練によって日常生活の苦痛を超越できるのではないかと期待します。でも、「現実から逃げないで踏みとどまりなさい」とか、「退屈なことも喜びと同じように心を開いて受け入れるように」などと言われると、ちょっとがっかりします。

ふとした瞬間に、人はびっくりするような体験をすることがあります。

最近のことですが、ある弁護士が交差点で信号待ちをしているときに、驚くべきことが起きたと話してくれました。彼女の体が大きく膨らんで、宇宙と同じくらいになり、宇宙と一体になったと感じたのだそうです。この体験は本物だと彼女は思いました。自分はすべてのものとつながっているということが、そのときはじめてわかったといいます。

言うまでもありませんが、その体験は彼女の信念を揺るがし、人生にどのようにかかわればいいのかという疑問が生まれました。人それぞれが自分の持つ「幻想」を守るために、あくせくしているのではないか。だから世界中で戦争や暴力が増大していくのだと思いました。でも、彼女がその経験にこだわり、もう一度体験してみたいと思い始めたとき、問題が起こりました。普通の感覚では、もはや満足できないのです。もどかしいし、ピンと来ないのです。あのすばらしい状態が得られないなら、死んだほうがましだとさえ思うようになりました。

六〇年代には、そんな心の高揚感を維持したくて、毎日のようにLSDを用いる人たちがいましたが、結局は高揚感どころか、頭がおかしくなってしまいました。また、恋愛依存症の男性や女性もいます。ドン・ファンのように、どきどきするような気分が消え始めると、彼らは耐えられなくなります。だから、常に新しい相手を探そうとするのです。

このような「至高体験」によって、真実がわかったとか、訓練する理由がわかったということはあっても、それは本来たいしたことではないのです。もしその体験を人生の浮き沈みと結びつけることができないで、いつまでもその体験のみにこだわっているなら、自分自身を見失ってしまうでしょう。自分の日常の小さな経験を大切にするのです。その一方で、人々の中に入り、まわりの人たちとうまくやっていくことを学ばねばなりません。そうすることで、人生を洞察するすばらしい力がみなぎり始めるのです。

十二世紀のチベットのヨーガ行者ミラレパは、弟子のガンポパが自分の至高体験について話すのを聞いて、こう言いました。「そういう体験は良くもなければ悪くもない。瞑想をつづけなさい」と。問題なのは、特別な状態であることではなく、依存症状を起こすことなのです。高く上ったものは必ず落ちるように、「心の王」に逃げ込めば、あとは幻滅が待っているだけです。

人それぞれに、ありのままの人生から逃れようとする習慣的なやり方があります。簡単に言えば、それは物質主義の三人の王たちからのメッセージなのです。この単純な教えは、私たちすべてに当てはまるように思われます。王たちの策略に乗ると、ありふれた日常にさえ用意されている優しさや楽しさを、まったく受け取ることができません。ボーディチッタに結びつくのは、ごく普通のことなのです。

不確かな毎日の生活から逃げたいという思いを捨てれば、ボーディチッタに触れることができます。それは自然に湧いてくる力で、だれにも止めることはできません。ボーディチッタを止めようとするエゴの策略を阻止したなら、その新鮮な水はきっと流れ始めるでしょう。その流れは緩やかにすることも、たくさん貯めることもできます。心に小さな「裂け目」さえあれば、ボーディチッタはいつでもあらわれます。歩道のひび割れからひょっこり顔を出す、あの愛らしい草花のように。

第3章　人生の真の姿とは

昨日は昨日、もう過ぎ去ったこと、今日は今日、新しい始まり、
このように考えたとき、人間は気持ちを新しくすることができる。
つまり、一瞬一瞬、ときは移り変わるということだ。
変化を見つめなければ、何事も新しいものとして見えてはこない。
――ツィガー・コントラル・リンポチェ

◎あらゆるものは変化する

仏陀は、人間には本来三つの特質があると教えています。「無常」、「無我」、そして「苦」または「不満足」です。仏陀によれば、存在するすべてのものがこの三つの特質を兼ね備えているといいます。自分たちの経験から、このことがまさに真実だと認

識できれば、何事もありのままに気楽に受け止めることができます。

はじめてこの教えを聞いたとき、何だか難しくて、自分とは無縁のもののように感じられました。でも、自分の体や心に起きることをよくよく観察することで、何かが変わったのです。自分の経験を振り返ってみても、何ひとつ変化しないものはありませんでした。気分は天気のようにくるくる変わります。いろんな考えや感情は次々と湧きあがってきますし、それを止めることもできません。静止しているものは必ず動きだしますし、動いているものはやがて静かになります。やみそうにない体の痛みも、よくよく観察すると、潮の干満のように変化します。

私たちが生きるために毎日もがいているのは当たり前のことなのだ、という仏陀の指摘は、本当にありがたく思います。人生は、まさに浮き沈みの連続です。人間にしてもまわりの状況にしても、先のことはまったくわかりません。すべてにおいてそうなのです。来て欲しくないものがやってくるという辛さは、だれもが知っています。聖者も罪人も、勝者も敗者も、みな知っています。こんな苦しみを受けるのは、決してその人が劣っているからではない、という真実を見つけてくれた人がいたとは、ありがたいことです。

変化しないものはないということ、すべてはうつろいやすく無常であるということ、それが存在するものの第一の特徴です。それが当たり前なのです。あらゆるものが変化します。すべての草や木、すべての動物、昆虫、人間、そして建造物、命あるものもないものも、絶えず変化しています。これは神秘論者や物理学者でなくともわかることです。でも、いざ自分のこととなると、人はこの基本的な事実に逆らおうとするのです。人生はいつも自分の思いどおりにはなりません。良いことも悪いこともあります。でも、私たちはそれを好まないのです。

以前私は、仕事と住居を同時に変えたことがありました。変化に直面し、不安でとても心もとない気分でした。それで、何か励みになることを言ってもらえるのではないかと思って、トゥルンパ・リンポチェに不平をこぼしました。彼は何でもないような顔で言いました。「僕たちのまわりは常に変化しているんだ。変化の中で気楽にしていれば、悩むことなどないよ」

あらゆるものは儚《はかな》いのです。いつかは消えてなくなります。私たちはこのことを頭では受け入れることができても、感情的には心底嫌っています。永久不変なものが欲しい、いつまでも不変であって欲しいと願うのです。そして、いつのまにか「安心」を求めてしまいます。安心はきっと見つけることができると信じ込んでもいます。

毎日の生活の中で感じる無常感は、フラストレーションとなります。私たちは毎日の活動を、自分の置かれた不確かな状況から身を守るための手段とし、無常や死を追い払おうとして、莫大なエネルギーを費やします。体型が崩れるのも、年を取るのもいや。しわやたるみも恐ろしい。化粧品や健康食品を利用すれば、この肌、この髪、この目や歯が、「無常」という真実からまんまと逃れられるとでも思っているかのようです。

仏陀の教えは、人生とのこんな狭いかかわり方から人を解放しようとしています。もっと肩の力を抜いて、この何事も変化するという当たり前の真実に目を向けるように、と言っているのです。変化するという真実を理解するといっても、人生の暗い面に目を向けるということではありません。変化に不安がるのは自分だけではない、ということを理解することが重要なのです。そうすれば、やがて人生の不確かさから逃れられる人などどこにもいない、ということがわかるようになるでしょう。

回自分に対する思い込みを捨てる

この世に存在するものが持つ二番目の特質は「無我」ということです。人間である私たちも、あらゆるものと同様、変化します。私たちの体のどの細胞も、絶えず変化しています。思考や感情も、高まったり落ち込んだり、とどまることはありません。

自分はすごいとか、自分はもうだめだと思うとき、一体何を根拠にそう考えているのでしょうか。何事もすぐに変わってしまうのに。昨日の成功、昨日の失敗からでしょうか。人間は、自分はこんなふうだと思い込んでいるものですが、私たちはそれにだまされてしまうのです。

何事も、何人も、定まってはいません。この変化の真実を私たちの「自由の源」とするか、身震いするような「不安の源」とするかによって、大きな違いが生じます。私たちの日々の生活は苦しみとなるのでしょうか、それとも喜びでいっぱいとなるのでしょうか。これは重要な問題です。

無我はときとして「無私」とも言われています。この二つの言葉は誤解されがちです。仏陀は、無我とは自分がなくなること、自分自身をかき消してしまうことであるとはおっしゃっていません。ある生徒に「無我の境地で生きるということは、人生をつまらなくしませんか」と尋ねられたことがあります。無我とはそういうものではありません。仏陀は、自分はこんな人間だ、みんなとは違うという固定観念は、痛ましく偏狭であると教えています。私たちは人生という舞台で、自分の役どころについてそんなに深刻にならなくていいのです。自分のことばかり考え、自分だけを極端に大切にする、それが問題なのです。

私たちは、悩みの種はつきないと感じています。自分のことをだめな奴と感じることもあれば、だれよりも賢いと思うこともあります。自分のことばかりを考えると、結局は自分を傷つけます。そして、何事も好き嫌いで判断する狭い世界に閉じ込められてしまうのです。しまいには、自分にも自分を取り巻く世界にも、うんざりしてしまいます。もう決して何かに満足することはないでしょう。

自分の信念を疑うか、疑わないか。つまり、現実を固定されたものと捉えるか、別の見方をしようとするか。仏陀の考えでは、どんなときも心を開き、物事に関心を持つ訓練をすること、自分の憶測や凝り固まった信念を払拭する訓練をすることが、人生を最高に活かすことにつながる、ということです。

ボーディチッタを目覚めさせる訓練とは、心を柔軟にする訓練です。わかりやすく言えば、「無我」とは柔軟で自在な自己のことです。それは、好奇心や順応性、ユーモアや陽気さとしてあらわれます。自分はこうであるとか、あの人はこんな人だとか決めつけず、何事についても判断したり結論づけたりしないで、気楽に受け止める能力とも言えます。

ある男に、一人息子が戦場で亡くなったという知らせが届きました。彼は悲しみのあまり家に閉じこもり、三週間の間、だれの言葉にも耳を貸そうとしませんでした。

四週間目、その息子がひょっこり帰ってきました。生きているのがわかって、村人たちは喜びの涙をこぼしました。彼らは狂喜して息子を父親の家に連れていき、戸をたたきました。「お父さん、戻って来ました」と息子は声をかけました。でも、男は答えようとしません。「息子が帰ったんだよ。生きていたんだ」と村人たちは言いました。でもその男は家から出てきません。「あっちへ行け。一人にしておいてくれ。息子は死んだんだ。だまされるもんか」

私たちもこうなのです。自分はこうだ、あの人はこんな人だと信じ込み、それでものが見えなくなるのです。「現実は少し違うのですよ」と心の扉をたたかれても、凝り固まった私たちの心は、それを受け入れようとしません。

ほんの一瞬の人生を、私たちはどのように過ごそうとしているのでしょう。不確かな現実と闘う能力を、さらに強化しようとするのでしょうか。それとも自分を解き放つ訓練をしようとするのでしょうか。「私はこうだし、あなたはこうだ」と頑固に主張しますか。それとも、そうした狭い心から抜け出しますか。自分の中に本来備わっている自在な心を見出し、ほかの人たちもそうなるようにと願いながら、「戦士」としての訓練を始めることができないでしょうか。そうすれば、限りない可能性が一気に広がるのです。

「無我」の教えは、人間の絶えず変化する性質を指し示しています。私の体が今感じていることは、「今」しか感じることはできません。心が今考えていることも、前に考えたことと同じではないし、将来もまったく同じように考えることはできません。「それって、すばらしいことでしょう」と私は言うのですが、多くの人にとっては、そんなにすてきな体験でもないのです。私たちはそれを不安なことと感じ、拠り所が欲しくてもがきます。

仏陀は、私たちに別の選択肢を示してくださいました。私たちは、成功者であるとか失敗者であるとか、あるいは、ほかのどんな範疇《はんちゅう》にも閉じ込められてはいないのです。他人の目から見た自分とか、自分の目から見た自分ということも関係ありません。どの一瞬一瞬も、特別で、わくわくする、まったく新しい瞬間なのです。「戦士」を目指す者にとって、「無我」は恐れを引き起こすものではなく、喜びをもたらすものなのです。

回「苦しみ」が生まれる三つの理由

この世に存在するものが持つ三番目の特質は、「苦」あるいは「不満足」です。鈴木俊龍老師がおっしゃるように、真の力を習得するには、良いことと悪いことが入れかかわり立ちかかわりやってくる中で訓練するしかありません。私たちには本来そうした痛みを受け入れる力が備わっていますし、このことを理解したうえで日々の生活を送れば、やがて喜びに至るのです。

簡単に言うと、すべては変化し消滅するという、だれの目からも明らかなすばらしい真理に逆らおうとするから「苦しみ」が生じるのです。もともと私たちの性質が「悪」であり、罪に値するから苦しむのではなく、次の三つの悲しむべき考え違いがあるため、苦しむのです。

まず、私たちは絶えず変化してやまないものを、あらかじめ予測し、この手にしっかりつかまえたいと思っています。自分の考えや言葉、行動を決定するための確信のようなものを、私たちは欲しがるものなのです。まるで沈みそうな舟の上で、水の中に落ちまいと必死にもがいている人に似ています。力強くダイナミックに変化する宇宙の自然な流れは、なかなか受け止めるのが難しいのです。流動的な世界に対する恐れから、偏見や執着といったものも生じます。このように常に変化してやまないものを永久に変わらないものと誤解することから、苦しみが生まれます。

二つ目の誤解は、私たちは本来無我であるはずなのに、自己をほかから切り離されたものと考えたり、確固たる自己があるかのように思ったりすることです。自分が

「独自の存在」であると言い張るのです。自分には価値があるとか、ないとか、優れているとか、劣っているとかと判断をくだすことで、人間は安心します。自分のことを大げさに誇張してみたり、ロマンチックな色取りを添えてみたり、だめな奴とけなしてみたりして、貴重な時間を無駄にしています。そうだ、これが私なのだ、とひとり悦に入っているのです。

私たちは、驚きと喜びに満ちた、一瞬一瞬に変化する何ものにもとらわれない存在であるはずなのに、確固とした自己というものがあると勘違いしています。このように誤解することから、苦しみが生まれます。

三つ目の誤解は、私たちがいつも間違った場所で「幸福」を探していることです。仏陀はこの性癖を、炎の中に飛び込む蛾《が》のように、「苦しみを喜びと取り違えること」と言います。つかの間の安心を求めて自らを破壊するのは、何も蛾に限ったことではありません。私たちが喜びを求めるやり方は、アルコール依存症のそれに似ています。憂うつを晴らそうと酒を飲みますが、一口飲むごとに憂うつは増すばかり。あるいは、苦しみから逃れたくて注射を打つ麻薬中毒者も同じで、打つたびにまた苦しみが増すだけなのです。

いつもダイエットをしている友人は、「一時的とはいえ、こうした中毒でいい気分にならないんだったら、この教えはもっと従いやすいのに」と言いました。つかの間であっても満足が得られるから、こうしたことがやめられないのです。当りさわりのないものも、命取りになるものもありますが、手っ取り早く満足を得たくて、依存症になるまで繰り返し求め、そこから抜け出せなくなります。そして結局、苦しみはさらに強まってしまいます。

こうして、ほんのちょっとの間の不安や苦痛さえも我慢できなくなってきます。気休めとなるものに手を出すのが習慣になります。最初はほんのちょっとのエネルギーを必要とするだけです。胃がきゅっと締まるとか、ぼんやりと何か悪いことが起ころうとしていると感じるだけ。それが、やがて依存症に至ります。私たちは、このようにして人生を確かなものと思い込もうとするのです。苦しい結果をもたらすものを、喜びをもたらすものと勘違いするから、不満を増大させる習慣をいつまでも繰り返してしまうのです。仏教用語では、この悪しき循環を「輪廻《りんね》（サンサーラ）」と呼びます。

「無常」や「無我」、「苦」とうまくつきあうことが、自分にはできるだろうかと疑問に思ったとき、私はトゥルンパ・リンポチェが、「天気に文句を言うことはできないよ」と陽気に言った言葉を思い出して、元気を取り戻します。人生の現実に文句を言ったところで、はじまりません。

この人間が持つ三つの特質についての教えがわかったら、もう現実にあらがうのはやめましょう。喜びと苦しみが入れかわり立ちかわりやってくる現実から逃げようとして、自分や他人を傷つけるのはやめましょう。肩の力を抜いて自分の人生を十分に受け止めましょう。

第４章　ただここにあることを学ぶ

瞑想は、個人的な闘いから国家間の争いまで、あらゆる戦争状態を克服するための、有効で実にすばらしい方法である。

――チョギャム・トゥルンパ・リンポチェ

回自分を取りつくろおうとしない

不快なことに耐えられないからといって、人間の能力をつまらないものと思ってはいけません。「弱さを味わいなさい」という教えもあるのです。座禅は、弱さを味わうことを学ぶよい方法です。座禅はまた、「洞察の瞑想」と呼ばれるものの実践としても知られていて、ボーディチッタの訓練の基礎をなすものです。座して瞑想することは、「戦士」や「菩薩」の自然な姿であり、基本です。

座禅は、愛あふれる優しさや思いやりの心など、ボーディチッタにつながる資質を養ってくれます。これにより、私たちは自分の考えや感情を深く見つめ、自分の肉体と交流できるようになります。ありのままの自分を認められるようになり、他者の苦しみから目をそむけようとする冷淡な心を溶かしてくれます。つまり、真に愛情あふれる人間となるための、学びの手段なのです。

瞑想するにつれて、私たちは徐々に自分自身との対話がうまくいかないことがあることに気づき始めます。対話をつづけるうちに、夢から覚めるときのような、思考がふと途切れるような体験をします。そして、まわりの状況がはっきりとわかり、広がりとすがすがしさを感じつつ、とてもリラックスしている自分を発見します。そのように感じる能力は、私たちにすでに備わっていたものです。それは「ただここにある」という、シンプルで気持ちのよい瞬間です。この、自分の経験とじかにかかわろうとすることが、「無条件のボーディチッタ」に触れる訓練です。ただここにあることで、私たちは肩の力を抜いてくつろぎ、真に心を開くことができます。それはまるで空想の世界から飛び出して、単純な真実を見出すのに似ています。

でも、座禅をすれば何かいいことが必ずある、というものでもありません。何年経っても変化がないこともあります。誤った信念で瞑想することもあります。いやなことから守ってくれるとか、安心できる、望みをかなえてくれる、恐れを取り去ってくれるというのが、その誤った信念です。なぜ瞑想するのか、その理由が正しく理解されていないから、こうしたことが起こります。なぜ瞑想するのでしょう。これは大切な質問です。私たちはなぜひとりきりで瞑想して過ごそうとするのでしょうか。

まず、瞑想は単にいい気持ちになるためにするのではないということです。気持ちよくなるために瞑想するのだと考えるのは失敗のもとです。座るたびに、「どうも違うぞ」と思います。どんなに瞑想に熟達した人でも、心理的、身体的な苦痛を感じることがあります。瞑想するときに大事なのは、あるがままの自分です。動揺しているかしていないかは関係ありません。この、あるがままの自分をすべて受け入れることを、「マイトリ」と呼びます。マイトリとは、あるがままの自分とじかに偽りのない関係を結ぶことです。自分を取りつくろおうとするのはよくありません。そのせいで人は苦しみ、自分を否定的に見てしまいます。おそらく、ボーディチッタを覆い隠す最大の原因となるものが、この自分に対する否定的な考えでしょう。

自分を変えようとしなければ、私たちは死ぬまでずっと怒りや執着とともに生きなければならないのでしょうか。これはもっともな質問です。でも、自分を無理に変えようとしても、長続きしません。自分の持っているエネルギーに逆らうことになるからです。一時的な結果は得られるでしょう。でも、永久的な自己変革は、自分自身を知恵と思いやりの源として敬うことができてはじめて可能なのです。八世紀の仏教の師シャンティデーヴァが指摘したように、私たちはごみの山から宝石を見つけようとしている目の見えない人に似ています。捨ててしまいたいもの、恐ろしくていやなものの中にこそ、暖かくて美しいボーディチッタは隠れているのです。

瞑想によって自己変革しつつあると言えるのは、自分自身を気楽に受け止め始めたときだけです。自分を道徳的な観点から眺めたり、厳しく見たり、ごまかそうとしたりするのをやめたときにはじめて、それまでの害をなすやり方から抜け出すことができるのです。あるがままの自分を受け入れること、つまりマイトリなしで、これまでの性癖を断とうとするのはよくありません。これは大切なことです。

回厄介ごとに対処する際の四つの知恵

瞑想により培われるマイトリには、四つの特性があります。「不動の心」、「明確な視野」、「感情的な苦しみへの理解」、「今を大切にする心」です。これらの特性は座禅に応用できるだけでなく、ボーディチッタのすべての実践や、日常生活での厄介な状況にかかわるときにも不可欠のことです。

不動の心　瞑想によって、自分自身を制御する能力が高まります。体の痛み、退屈、眠け、気持ちの高ぶりや混乱した考えなど、どんなものがこようとも、自分の経験に忠実に従えるようになるのです。瞑想を体験した人ならだれでも考えたことがあるでしょうが、私たちは座禅に耐えきれなくなったからといって、大声で叫びながら部屋を出ていったりはしません。その衝動を自分の「考え」として受け止め、それに良いとか悪いとかのラベルを貼らないようにします。これは、そんなに簡単なことではありません。辛くなったら、そこから逃げ出そうとする私たちの性癖は、なかなか手ごわいのです。

この「不動の心」を養うために、毎日ほんの少しの時間でもいいですから瞑想してください。どんな状況にあるときも座るのです。健康なときも病んでいるときも、気分が上々のときも最悪のときも、瞑想がうまくいっていると思うときも、まったくだめなときも、です。

座って瞑想をつづけていると、瞑想とは、正しくできるかどうかの問題でもなければ、何か理想的な状態を得ようとするものでもないことがわかります。それは、ただ自分自身と「そこにある」ということなのです。ありのままの自分を思いやりを持って見つめない限り、自分を否定するいつものやり方から解放されません。

自分が肉体を持つ存在だということを意識することも重要です。瞑想とは心を働かせることですから、肉体があることを忘れるのは簡単なのです。瞑想するときは、自分の体の中でくつろぎながら、体に意識を向けることが大事です。まず頭のてっぺんから始めて、ごくごくゆっくりと自分の体の隅々に意識を向けていきます。痛みや凝りなどのある場所に来たら、そこに意識を向けたまま、三、四回息を吸ったり吐いたりしましょう。足の裏まで来たらおしまいですが、もう一度やってみようと思うなら、今度は下から上へとなぞるのです。

このようにして瞑想中はいつでも、自分は肉体の中にあるという感覚を取り戻すことができます。それは、「自分は今ここにある」と感じる瞬間でもあります。あなたは座っています。音や匂いがします。景色も見えるし、痛みもあります。ゆっくり息を吸っては吐いています。うまくいけば、こんなふうに自分の肉体とつながることができます。座禅の講習中なら、一回につき、ほんの一、二回経験するだけかもしれませんが……。そしてまた練習をつづけます。

瞑想をしていると、自分の落ち着きのなさがよくわかります。立ち上がってどこかへ行ってしまう人もいます。あるいは座ってはいても、体を小刻みに揺らしたり、心があらぬところへ行ったりします。とても居心地が悪くて、我慢がならないと感じます。でも、こんなとき、私たちは自分についてだけでなく、人間とはどういう存在かについてもわかるのです。私たちはみな、記憶とか空想、計画といった「想像の世界」から安心や慰めを得ようとします。本当は、現在をありのままに体験したいとは思っていないのです。「今ここにある」という感覚は、どうも性に合わないのです。こんなときは、優しさとユーモアの感覚で自分を落ち着かせるよりほかありません。

教えの核心は、「ちょっと待って……落ち着いて」です。瞑想の中でありのままの自分であることを学ぶのは、犬の調教に似ています。たいて訓練されると、言うことは聞いても、融通がきかずおどおどした犬になるでしょう。「待て！」「来い！」「ふせ！」「座れ！」の命令には従うかもしれませんが、神経質そうにしています。それとは対照的に優しい態度で訓練すると、心は自在で自信が満ちてきます。次に起こることが予測できなくても、状況が不安定でも、決して取り乱すことはないのです。

ですから、逃げ出したい気分になったら、「待て」と優しく自分を励まし、落ち着かせるのです。じっとしていられないのですか。「待て」。心が散漫になっているのですか。「待て」。恐れや憎しみを抑えることができないのですか。「待て」。ひざや背中が痛むのですか。「待て」。お昼は何にしよう。「待て」。自分はここで何をしているのだろう。「待て」。もう耐えられない！「待て」。こうして、「不動の心」を養うのです。

明確な視野

しばらく瞑想をしていると、自分が目覚めに向かうのではなく、悪くなっているような気がしてくることがあります。「瞑想を始める前はとても落ち着いていたのに、何だか少しもじっとしていられなくなった」とか、「怒ったことなどなかったのに、近ごろはいつも腹立たしい気持ちになる」というふうに。瞑想を始めたことで生活がおかしくなったとこぼしたりもしますが、実は、これは私たちが物事をもっとはっきりと見ようとし始めた印なのです。日ごと年ごと瞑想の実践を重ねていくうちに、自分に対してとても正直になってきます。「明確な視野」を持つとは、言い換えれば、自己欺瞞をなくしていくことです。

ビート詩人ジャック・ケルアックは、山の中に引きこもる前、精神的な突破口を見つけたような気がして、「ディソレーション・ピークで何の幻影も得られないなら、僕はウィリアム・ブレイクにはなれない」と友人に宛てて書きました。でも、後にありのままの真実に向き合うことがいかに難しいかを書いています。「六月、だれもいない頂上に登って思った。……神、あるいはタターガタ（仏陀）と向き合って、今度こそ、このあらゆる存在、あらゆる苦しみの意味を見つけよう。……だが、酒も薬も一切のまやかしもなしに私が向き合ったものは、自分自身だった。あのいやらしい奴、この私だった」

瞑想には、忍耐と、あるがままの自分を受け入れる心が必要です。明確な視野を持とうとする過程で、自分を思いやる気持ちがなかったら、逆に自分を攻撃してしまうでしょう。心を安定させるには、自分への思いやりが必要です。自分の感情をうまくあつかうためにもこの心が必要です。「今ここにある」ためには、自分へのいたわりがいるのです。

瞑想するには、ある姿勢で座布団か椅子に座ります。そして自分の吐く息に意識を集中させます。気持ちが散漫になるときは、自分を厳しく戒《いまし》めたり、だめだと決めつけたりしないで、心に浮かぶものを単なる「思考」と認めて、吐き出す息に気持ちを戻しましょう。「今ここにある」という瞬間に立ち戻る訓練をするのです。こうしているうちに、ぼんやりと迷いの中にある私たちの無知な心に、「明確な視野」が開けてきます。

頭に浮かぶものが何かはっきりとしたものであれ、よくわからないものであれ、それを単なる「思考」と名づけることにしましょう。「思考」は追い払おうとしなくてもいいのです。それよりも、無意識に自分を守ろうとする仕組みとか、自己に対する否定的な考えとか、自分の欲望や期待を、しっかりと見るのです。同時に、私たちの心優しさや勇敢さ、知恵も見るのです。

この「洞察の瞑想」を定期的に実践することによって、ありのままの自分が見えてきます。不確かな現実から身を守るために築いた心の壁が、はっきりと見えてきます。安全や慰めを得るための壁であったはずなのに、何か自分がそこに閉じ込められているようにも感じ始めます。この息が詰まるような感じ、これが「戦士」には重要なのです。これまでの慣れ親しんだ小さな世界に代わる何かを、あなたが求め始めたということだからです。もっと風通しをよくしたい、自分と他者との間にある壁をなくしたい、と思うようになるでしょう。

感情的な苦しみへの理解

長年瞑想をしている人も含めて、瞑想することで制御しがたい感情から逃れようとする人はたくさんいます。厄介な感情に「思考」のラベルを貼りつけて、ただ追い払おうとします。何が起きても心を開いているようにと、何度も教えられているにもかかわらず、瞑想によっていやな感情を抑え込もうとするのです。でも、自分の経験を非難したり正当化したりすることなく、苦しみに正直に向き合わない限り、自分を真に変えることはできません。

トゥルンパ・リンポチェは、感情とは、自立的に存在するエネルギーといろんな考えの結びついたものだと述べています。感情は、内面の対話なしには生まれてきません。座って瞑想しようとするとき、自分が怒っていたら、その怒りに満ちた考えに「思考」のラベルを貼り、追い払いなさいと教えられます。すると、そこには、何か生気に満ちた脈動するエネルギーが残ります。そのエネルギーは、悪いものでも有害なものでもありません。私たちの実践とは、そのエネルギーとともにあること、そのエネルギーを体験すること、エネルギーをそのままにしておくことなのです。

腹の立つ人、いやな気持ちにさせる人、恐ろしい人、あるいはそんな状況を思い出して、わざわざ感情をかき立てる、という少し複雑な実践方法もあります。「思考」を追い払ったあとでエネルギーとじかに結びつくのが、この実践の目的です。そして「この思考を取り払ったあとには、どういう自分が残るのか」と自問するのです。

私たちのおこなう実践は、これよりもずっと単純ですが、大胆さにおいては変わらないと思います。苦しい感情が湧きあがったら、その感情が起きてきた「背景」を追い払い、エネルギーだけを感じるようにします。これは体験してみるとよくわかりますが、体の中にエネルギーを感じることができるようになります。そのエネルギーを行動にあらわしたり逆に抑えつけたりしないで、体の中に保つようにすれば、気持ちがすっきりと晴れます。「瞑想すると眠くなるのですが、どうしたらいいでしょう」と言う人がいます。眠気覚ましの方法はいろいろあるでしょうけれど、私が気に入っているのは、「怒りの感情をよみがえらせなさい！」と言うことです。

エネルギーをうまく保つことができないのは、人間の習性なのでしょう。それを行動にあらわしたり抑制したりするのは、人間が感情的な苦痛から逃れようとするためです。たとえば、人は怒ったとき、たいがい大声を上げたりして態度で示します。そうやって怒ったかと思うと、今度は自分を恥じたり罪悪感を感じたりします。こんなことをしょっちゅう繰り返すので、私たちはだんだん怒ることの名人になっていきます。でも、これでは苦しみに満ちた感情がますます強まるだけです。

何年も前のある夜のこと、私は、恋人がほかの女性と情熱的に抱き合っているのを見てしまいました。私たちがいたのは高価な陶器を収集している友人の家でした。私はかんかんになって、何か投げつけるものはないかと探しましたが、どれも百万円はするような高価なものばかりです。次々と手には取るのですが、またもとに戻すよりほかありません。完全に頭に来ているのに、はけ口が見つからないのです！　エネルギーの持っていき場がありません。でも、だんだんとその状況がおかしくなってきて、怒りが収まってしまいました。私は外へ出て空を見上げ、笑いながら泣きました。

ヴァジラヤーナ仏教では、感情の中にはもともと知恵が備わっているとされています。自分の中のエネルギーと格闘しているとき、私たちは知恵の源を拒絶しているのです。自然な怒りとは、まさに物事を明確に見るための知恵にほかなりません。自然な傲慢さからは、静けさが感じとれます。激情のエネルギーには、物事をあらゆる面から見る知恵があるのです。

ボーディチッタの訓練においても、感情に備わっている活発なエネルギーは大歓迎です。感情が激しさを増すと、私たちは恐れを感じます。この恐れは、私たちの生活にいつも潜んでいます。座って瞑想するときは、どんな「筋書き」も抜きにして、その感情や恐れに心を向けるようにします。このようにして恐れを感じる自分たちの心を、絶えず変化するエネルギーに向けて開く訓練をするのです。そして、苦しい感情を素直に受け入れることを学ぶのです。

今を大切にする心　瞑想によって自己改革をしようとする過程で、「今を大切にする心」を養うことができます。私たちは瞬間ごとに、「ここにある」ことを選んでいます。現在の自分の心や肉体を気遣うことができるなら、自分にも他者にも、そして世界のあらゆるものにも優しさを向けることができます。私たちの愛する能力に、もともとこの心が備わっているのです。

現実に立ち戻るには努力が必要ですが、大きな努力はいりません。「触れて、手放せ」という教えです。まず、心に浮かぶ考えに「触れ」たなら、それを「思考」として認識し、「手放し」ます。羽根で泡に触れるように、一瞬に私たちの「あがき」をほぐしてくれます。これは、現実にとどまるための、優しい方法です。

ときどき、自分の考えがとても気に入って、追い払いたくないと思うことがあります。心に浮かぶ映像がおもしろく、心の本来の姿など取り戻したいとは思いません。私たちの心の中の空想の世界は、たしかに活気に満ちていて、とても魅力的です。そんなときは、柔軟な方法で、自分の習慣的なパターンを崩す訓練をします。つまり、自分を思いやる心を養うようにするのです。

私たちが瞑想するのは、自分をあるがままに受け入れる、無条件に開かれた心を得るためです。何事も無理に遮断しなくてもいいのです。心に浮かぶ考えに触れ、さりげなく追い払いましょう。そうすれば私たちに本来備わっているエネルギーが、優しく健やかで、みずみずしいことがわかります。「戦士」としての訓練を始め、人間の本来の姿はボーディチッタであり、決して混乱ではないということを発見しましょう。

第５章　戦士のスローガン

何事もスローガンとともに訓練しなさい。
――アティーシャの精神修養スローガン

◎日常のいやなことが「悟り」につながる

十一世紀に、ボーディチッタの教えをインドからチベットへほぼ完全にもたらしたのは、アティーシャ・ディーパンカラでした。特に彼が重視したのは「ロージョン」の教え、つまり精神修養の教えでした。この教えが現代でも通用するのは、困難な状況を悟りの道に変える方法を教えてくれるからです。日常生活のいやなことが、アティーシャの精神修養の基本です。もろもろの怒り、恨み、憤懣《ふんまん》など、最も障害となるものを原動力として、ボーディチッタを日覚めさせるのです。

アティーシャの死後しばらくの間、この教えは秘密にされ、親しい弟子にしか伝えられませんでした。十二世紀に、チベット人のゲシェ・チェカワが五十九の意味深いスローガンとしてまとめあげ、再び広く知られることとなりました。この文言は、現在では「ロージョン・スローガン」、あるいは「アティーシャのスローガン」として知られています。このスローガンを覚え、毎日の生活に活かすことが、ボーディチッタの貴重な実践となるのです（＊五十九の精神修養スローガンについては巻末をご参照ください）。

ゲシェ・チェカワには、仏教の教えを疎んじ、いつも意地悪をする兄がいました。でも、多くのハンセン病の患者が、チェカワと一緒に教えを学んでいるうちに病気が治っていくのを見て、この兄はその教えに興味を持ちました。それでチェカワが住む家の戸口の陰に身を隠し、「困難な状況を悟りへの道としなさい」という教えを聞くようになりました。短気な兄がしだいにいらいらしなくなり、穏やかで思慮深くなったのを見て、チェカワは彼が精神修養の教えを聞き、実践しているに違いないと思いました。そのとき彼は、ロージョン・スローガンをもっと広めようと決心しました。あの兄さえ変えることができるのだから、すべての人に役に立つだろうと思ったのです。

私たちは惰性に流される傾向があり、習慣となっていることをなかなかやめません。裏切られたり失望したりしているとき、訓練する気になるでしょうか。ならないのが普通です。ところが、この混乱のきわみにあるときこそ、アティーシャのスローガンが心に沁《し》みてくるのです。これを覚えるのは簡単ですが、実生活に活かせるようになるには、少し時間がかかるかもしれません。

たとえば、いらいらするとき、「怒りを感じるときも常に瞑想しなさい」というスローガンを思い出せば、腹立ちまぎれに意地の悪いことを言う前に、ちょっと間を置くことができます。身についてしまえば、スローガンは自然と浮かんできますから、感情のままに行動することもなくなり、その感情のエネルギーだけを得ることができます。

精神修養のスローガンは、なかなか手ごわいです。相変わらず現状から逃げようとするとき、逃げ道をふさぐようなスローガンを思い出せるでしょうか。何かに当たりちらすかわりに、苦しい感情のエネルギーを利用して、自己変革ができるでしょうか。スローガンの実践の核心をなすものは、不快なことも「戦士」として受け止めることです。「こんなに苦しいけれど、今すぐ実践できるだろうか。このことが悟りにつながるのだろうか」と自分自身に尋ねてみましょう。日常生活の中で、何度となくこう自分に問いかける瞬間が来ると思います。

◎悩みの「背景」を取り払う

「三つの困難について訓練しなさい」というスローガンは、実践の仕方、習慣的態度をやめる方法について教えてくれます。三つの困難とは、(一)悩みを悩みとして認めること、(二)いつもと違うことをすること、(三)スローガンを用いての実践をつづけようと思うこと、です。

「自分は悩んでいる」と認めることが実践の第一歩です。これは、最も難しいことでもあります。でも、思いやりの心を持って「自分は困っている」という事実に目を向けない限り、混乱から抜け出すことは不可能です。

「いつもと違うことをする」というのは、自分の感情の思うままにまかせるいつもの習慣を断ち切る、という意味です。いつまでも同じことを繰り返そうとする癖を断つためなら、何でもしましょう。悩みの「背景」を取り払い、その下にあるエネルギーと結びつくか、この本にあるボーディチッタの実践をするのです。今までの習慣にないことなら、何でもいいのです。歌ってもいいし、踊ってもいい、近所を走ってみるのもいいでしょう。自分の悪癖を強めるものでないなら、何でもいいのです。

三番目は、一回か二回でこの実践が終わってはいけないということです。自分の悪癖を断って心を目覚めさせることを、一生の課題としましょう。

実践の基本はいつも同じです。相手を責めたり自己嫌悪に陥ったりということを繰り返すのではなく、湧きあがった感情をうまく捉え、その「背景」を取り払います。そして、そのときの自分の肉体的な感覚を十分に感じ取ります。深く息をするのもひとつの方法です。感情を認知し、どんな筋書きも削ぎ落とし、その瞬間のエネルギーを感じ取ることで、自分自身に対する思いやりを培うことができます。

そこから、もう一歩進めましょう。何百万人という人々が自分と同じような苦しみを抱いていることを、思い出してください。そのすべての人が混乱や惰性から解放されますようにと願いながら、深く呼吸をしてそれらの感情を吸い込むようイメージするのです。自分の混乱を思いやりの心で見つめることができれば、同じように混乱しているほかの人たちに対しても、思いやりの心を持つことができます。思いやりの輪を広げるこの実践には、ボーディチッタの訓練の「魔法の力」が潜んでいるのです。

皮肉にも、私たちが自分の生活から排除したいと強く思うものこそが、実はボーディチッタを目覚めさせるのにきわめて重要です。この生き生きとした感情の泉で、「戦士」は知恵と思いやりの心を見出します。だれだって、厄介な感情をずっと抱えていたいとは思いません。逃げ出したいのが当たり前です。だからこそ、自分への思いやりと勇気が不可欠なのです。優しい心のかけらもなく、ただ苦痛だけがあるなら、それは辛いばかりです。

足元をすくわれるような苦しい状況に陥ったら、「打ちひしがれたときでも実践できるなら、訓練はうまくいっている」というスローガンを思い出すとよいでしょう。嫉妬や怒りや軽蔑の感情が湧きあがったときも、深い自己嫌悪に陥っているときも実践できるなら、訓練はうまくいっています。もう一度言いますが、実践とは、自分を苦しめている習慣的な態度を強化することではありません。自己を正当化したり非難したりする心を揺さぶり、風穴を開けるためにするものです。感情のままに行動するとか、逆に感情を抑制するのではなく、感情の持つ強いエネルギーを利用することが重要なのです。そうしているうちに、私たちの心はもっと柔軟で、風通しのよいものとなります。

習慣的な態度というのは、しっかりとして魅力的で、何より安心です。風通しをよくしたいと願うだけでは不十分です。自分の性癖と格闘したことのある人には、それがよくわかります。「気づく」ということが大切なのです。いつも自分にどんなことを言い聞かせているのだろうか。それは、はたして妥当なのだろうか。激しい感情に襲われているとき、これが悟りへの道だということを思い出しているだろうか。自分やほかの人の感情を感じとり、心の中に吸い取ってあげることができるだろうか。折りに触れてこういうふうに自問できるなら、私たちの「戦士」としての訓練はうまくいっています。たとえ悲しみにくれて実践ができなかったとしても、「できなかった」ということがわかれば、十分に訓練していることになります。思いやりの心を持って現状を眺める力を、過小評価してはいけません。

回「二人の目撃者なら、自分を信じなさい」

自分の言葉や行動に戸惑ったり、何をすれば、あるいは何をしなかったら悪いことが起こるのかに迷ったら、「二人の目撃者なら、自分を信じなさい」というスローガンが心に浮かびます。二人の目撃者――自分と他者――なら、自分のほうが自分の真実をよく知っているはずです。

ときに、私たちは外界からのフィードバックで、自分の無知を自覚します。他者というのは、自分の盲点を教えてくれる重要な存在になりえます。特にだれかに怒られているときなど、私たちは相手が何を考えているのか、何を責めているのかを考えようとします。でも、結局、自分の心のことは自分にしかわからないのです。自分の心の声を聞き、どんなときに落ち込み、どんなときに奮い立つかがわかるのは、自分だけなのです。

訓練を始めると、自分の行動についていかに何も知らないか、よくわかります。まず、自分がくつろいでいる瞬間など、めったにないことに気づきます。次に、あらゆる手を使って、ありのままの自分でいることを避けているのに気づきます。いやなことが起こりそうなときは、特にそうです。また、何事も正しくおこなえば、残りの人生をゆったりと安心して過ごせるという強い信念を持っていることもわかります。

私は一九五〇年代に青年期を過ごしましたが、そのころは、テレビのホームコメディに見るような家族が典型的な姿だと思い込んでいました。みんなとても仲良く暮らしています。酔っ払いもいなければ、前後の見境がなくなるほど怒る人もいません。醜悪なものは何もないのです。みんながみんな、自分の家だけが変わっているのだと思っていました。このアメリカンドリームに水をさすまいと、真実を語る人はだれもいませんでした。

実践を重ねるうちに、空想と現実の違いがわかってきます。自分の体験を穏やかに眺められるようになるにつれ、自分がどんなときに体をこわばらせたり、引きこもったりするのか、わかるようになります。自分に自信がなくなるのは、どんなときでしょう。他人をののしりたいと思う気持ちは、どこから湧いてくるのでしょう。いつもの自滅的な習慣から抜け出したいと思いませんか。苦しいのは自分だけじゃない、みんな同じなのだということが、わかりますか。不幸の種をまくのはもうやめよう、と思いませんか。この質問に答えられるのは、「あなた」だけなのです。

私たちは、自分がいつも通りの態度に戻ってしまうとき、毎回それと気づけるわけではありません。でも、だんだんと気づく回数が増え、習慣的なやり方を断てるようになります。そのとき、ボーディチッタの訓練が徐々に身についていることに気づくのです。こうして、自分だけでなく、生きとし生けるものすべての存在の力になりたいという思いが、ゆっくりと育っていくのです。

ですから、調子のいいときだけとか最悪の状態のときだけでなく、どんなときも、アティーシャのスローガンとともに訓練しましょう。でも、「一番になろうと思ってはいけない」、「達成を期待してはいけない」、「賞賛を望んではいけない」というスローガンを、忘れないでください！

第6章　四つの限りない特性

すべての生きものが幸福と幸福のもとを享受できますように。
苦しみと苦しみのもとと無縁でありますように。
苦しみのない大いなる幸福を得られますように。
衝動、争い、偏見とは無縁な、大いなる静けさの中で暮らせますように。
——四つの限りない特性の詠唱

回まず、身近なところを探そう

すべて、私たち次第です。憤《いきどお》りや渇望に身をまかせて暮らすこともできれば、広い心と勇気を培い、「戦士」の道を歩むこともできます。たいがいの人は悪癖を積み重ね、その結果、苦しみの種をまきます。でも、ボーディチッタの実践は、幸福の種をまくのです。特に強力なのは、四つの限りない特性（四無量心《しむりょうしん》）——愛あふれる優しさ（慈《じ》）、思いやり（悲《ひ》）、喜び（喜《き》）、平静さ（捨《しゃ》）——に関する実践です。

この実践は、身近なところから始めます。自分や自分の愛する人たちが幸福を享受し、苦しみと無縁でありますようにと願うのです。それから徐々に対象となる人の輪を広げていきます。まず、自分の足元から始めるのです。すでにある愛、思いやり、喜び、平静さを感じるところから始めます。私たちの毎日の小さな経験の中にも、このすばらしい四つの特性を見つけることができます。音楽を愛するとか、子どもをかわいがるとか、いい知らせを聞いて喜ぶ、友達と穏やかな時間を過ごすとか。ひどくちっぽけなことに感じられるかもしれませんが、そんな小さなことから始めて、育てていくのです。華々しいことである必要はありません。

この四つの特性を養うと、自分が今経験していることに対する洞察力が身についてきます。自分の心の状態を、すぐに理解できるようになるのです。愛や思いやり、喜びや平静さとはどういうものなのか、あるいはその反対はどうなのかを知るようになります。四つのうちのひとつでも欠けたら、あるいは自在にあふれてきたらどう感じるかがわかります。感じてもいないのに感じたふりをしてはいけません。この実践では、自分の経験を丸ごと抱え込むことが大切です。どのようにして心を閉じ、また心を開くのかを熟知することで、自分の無限の可能性を呼び覚ますのです。

自分や自分の愛する人が苦しみと無縁であるようにと願うこの実践は、何だか口先だけのように感じられるかもしれません。最も身近にいる人への思いやりに満ちた願いすら、まやかしのように思うかもしれません。でも、自分を偽らない限り、見せかけと思われることでもボーディチッタを明らかにする力となります。自分の感情がはっきりとわかっていても、もっと先に進むために、この実践をするのです。自分と自分の身近にいる人のために実践したら、今度はもっと広げていきます。特に親しくない人や、いやな人にまで好意を向けるのです。

◎人間は矛盾のかたまり

たしかに「このいつも私を怒らせる人が常に幸福で、苦しみから解放されていますように」と願うのは、いかにも嘘っぽいです。本当は怒りしか感じてないのですから。

これは、私たちの心の能力を、今以上に高めるための練習のようなものです。戸惑いを感じていいのです。そのとき、自分の心の限界が見つかります。私たちは、心を開ける人がいる一方で、ほかの人たちには心を閉ざしています。自分の心の明らかな部分と、まだ混乱している部分とがわかります。これは、この道をたどってきた人なら、だれもが学んだことです。私たちは、不安な感情もすばらしい知恵もたっぷりと兼ね備えた、矛盾のかたまりなのです。

「願い」の実践は「断言」ではありません。断言とは、密かに自分は負け犬だと感じつつ、それを隠すために、自分は思いやりがあって勇敢だと言い聞かせることです。四つの特性の実践では、自分はこうだと言い切ることも、本当の気持ちを隠す必要もありません。心を開きたいという願いを表明し、恐ろしいと思うものに近づくのです。「願い」の実践は、ますます難しくなる人間関係の中で、きっと役に立つでしょう。

自分が今感じているのは、愛や思いやり、喜び、平静さであることに気づき、実践によってさらに培うことで、この特性は自然と広がります。これが目覚めると、暖かさが生まれ、無限の力が湧きだします。これらの特性には、無駄な性癖を解き放ち、思い込みや自己防衛から来る冷淡さを溶かす力があるのです。いい人でいようと無理をしなくともいいのです。自分はなんて冷たいのだろう、なんて攻撃的なのだろうとわかれば、もう自分を責める必要はなくなります。「願い」の実践は、何事にも狼狽《ろうばい》しない能力を伸ばしてくれます。閉じた心と開いた心の違いがわかるようになり、人のためになろうという優しさが生まれてきます。この実践によって、愛と思いやり、喜びと平静さを妨げるものが取り除かれたら、それは無限に広がっていくのです。

第7章　愛あふれる優しさ

国家間の平和は、個人の揺るぎない愛に基づかなければならない。
――マハトマ・ガンジー

◎だれかを傷つけるときは、自分も傷つけている

私たちがそれぞれに、この世界で人間的に生きようとすることは、決して無駄なことではありません。「怒り」ではなく「愛」を育むことが、この地球を破滅から救う道であると思います。

何が私たちの善意を拡大させ、偏見や怒りを消していくのでしょう。これは重要な質問です。古くから、攻撃性や苦しみのもとは「無知」であると言われています。何に対して無知なのでしょう。私たちは、自分のことについ夢中になって、他者に親近

感を感じることを忘れています。「戦士」や「菩薩」になる訓練をするのも、ひとつには、自分と他者とは相互に関係している、だれかを傷つけるときは、自分自身をも傷つけている、ということを理解するためです。ですから、まず、自分の固く閉ざした心を知る訓練をしましょう。他人も自分とはそんなに違わないのだと理解する訓練をしましょう。ひどく困難な状況にあっても、心が開けるようになりましょう。

「菩薩」が「願い」の実践をするときは、あるがままの自分をすべて受け入れる心、つまり「マイトリ」を培うことは絶対に必要です。シャンバラの教えでは、マイトリを培うことは「恐れおののく心を、愛あふれる優しさの『ゆりかご』の中に置くこと」とされています。マイトリ、もしくは愛あふれる優しさのもうひとつのイメージは、ひながたくましく成長して空を羽ばたけるようになるまで、外敵から守り世話をする親鳥のそれです。

「私は親鳥のほうですか、ひなのほうですか」と聞く人もいますが、愛情豊かな親鳥も、醜いちっぽけなひなも、どちらも私たちなのです。ひなと同じというのはすぐにわかります。目も見えず、未熟で、人の気を引くことばかり考えています。まったく美しくもなんともないのに、なぜか愛さずにいられないような、おかしな存在なのです。ひな鳥が自分であるにしろ他者であるにしろ、このイメージは愛し方を学ぶための重要な手がかりとなります。私たちが、まだ毛も生えず、お腹が空いたと泣き叫ぶ存在のときも、また成長して、どこから見てもりっぱな大人になっても、自分と他者がいるのは同じです。

回自分の優しさを見つけよう

　愛あふれる優しさを培うには、まず、自分に対して正直で深い思いやりを持つようにします。いつまでも自分をけなしつづけるのではなく、明確な視野と優しさを養うのです。何もかも調子がよく、自分をたくましく感じるときもあれば、無力感に襲われ、ひどく弱々しく感じるときもあります。でも、マイトリは母親の愛のように無条件なのです。どんなふうに感じていようとも、幸福でありますようにと願うのです。未来のために幸福の種をまくような行動をし、考えるようにすれば、何が幸福をもたらし何が苦悩をもたらすか、だんだんとわかってくるようになります。自分を愛する優しさがなければ、他者を愛することはなかなか難しいでしょう。

　攻撃的な心を、無条件の愛あふれる優しさに変えるといっても、とても大変そうです。でも、身近なところから始めればいいのです。限りないマイトリを養うには、まず、もうすでに私たちが持っている優しさを見つけます。感謝の気持ち——好意を感じる力――から始めてもいいでしょう。「柔らかい所」、ボーディチッタに触れるのは、理屈ではありません。ボーディチッタは、愛を感じる優しさの中にも、寂しいと感じる弱さの中にも見つけることができます。自分のそんな柔らかく無防備な場所を探せば、ボーディチッタはいつでも見つかるのです。

たとえば、激しく怒っているときも、心の底をのぞけば、たいてい「恐れ」が見つかります。とげとげしい怒りの下には、むきだしの痛々しい心が潜んでいます。怒ることで自分を防御する心の陰には、傷ついているあなたがいます。それは、ボーディチッタのひとつの形なのです。

私たちは、ボーディチッタのこの優しさを感じ取ろうとするのではなく、心を閉ざし、不快から自分を守ろうとします。心を閉じること自体は問題ではありません。自分がどんなときに心を閉ざすかを知ることが重要なのです。自分がいつ他者との間に壁を作るかを知ることが、「愛あふれる優しさ」を培うための第一歩です。

この思いやりにあふれた認識は、どうしても必要です。良いとか悪いとか判断するのではなく、自分のかたくなな心を理解しない限り、心を覆う鎧を取り除くことはできません。鎧を着ていては、ボーディチッタはいつまでも隠されたままです。ごく自然に何かを愛するという私たちの持って生まれた能力は、いつもこうして遮断されてしまいます。

　ボーディチッタの愛あふれる優しさを目覚めさせるには、どんな人間関係でもいいのです。心を閉ざすものでも心を開くものでも、あらゆる人間関係の中で、愛を感じ、愛を表明する能力を培うことができます。

　愛あふれる優しさ、あるいはマイトリの実践には、七段階あります（＊注：巻末を見てください）。まず、自分自身に愛あふれる優しさを向けます。次に、自分なりのペースでいいですから、自分の愛する人たち、友人、特に親しいわけではない人、腹立たしい人たち、そして、この人たちみんなをまとめて、愛あふれる優しさを向けていきます。最後に、この世界に住む人たちすべてに、この愛する心を押し広めます。愛の輪をだんだんと広げていくのです。

「願い」としてよく使われるのは、「私も他者も幸福と、幸福のもとを享受できますように」というものです。この教えについて話すと、「幸福」という言葉をいやがる人もいます。「苦悩はいろんなことを教えてくれるけど、幸福はいろんな災いをもたらす」と言うのです。だから、自分にも他者にも「幸福になるように」と願っていいものかわからない、と。これは、従来の「幸福」の概念が非常に限られたものであることから来ています。

愛あふれる優しさの実践とはどういうものかを知るために、まず、幸福への願いを自分の言葉で置き換えてみましょう。ある男性は、「自分も他人も、それぞれの持てる力に気づきますように」と言いました。ある女性は、「私たちみんなが、善意に基づいて話し、考え、行動できますように」と願いました。「自分も含めすべての人々が、自分は本来よい人間なのだと信じられますように」と願う人もいました。大切なのは、その「願い」がまったく偽りのないものであるということです。

この実践は、すでに好意を感じている人や動物から始めると効果的です。感謝の気持ちでもいいですし、ただ「大切だな」と思う気持ちでもいいのです。偽りのない気持ちであれば、どんなものでもかまいません。これがうまくいけば、人の輪を広げていく準備は完了です。

たいていは自分自身から始めますが、ときにはそれをとても難しいと感じる人がいます。自分を含めることは重要ですが、だれから始めるかは、そんなに問題ではありません。大切なのは、自分の中にある偽りのない好意に触れ、その心を外に押し広めようとすることです。もし、自分の犬や猫にならら楽に心を開けるのなら、そこから始めて、だんだんと難しいと感じる人に挑戦していけばいいのです。自分の気持ちをごまかすのではなく、ありのままの「柔らかい所」に触れるのがこの実践の目的です。

好意を感じたり、かわいがったりする私たちの能力を探すのです。それはまだうつろいやすく、不安定かもしれませんが。

◎見ず知らずの人にも愛情を向ける

「願い」の実践は、しばらく静かに座ることから始めます。それから愛あふれる優しさの七段階の実践を開始します。「私（あるいはだれか愛する人）が幸福と、幸福のもとを享受できますように」でもいいですし、自分の言葉に置き換えてもいいでしょう。「愛あふれる人となれますように」、「十分な食べ物と、心から安らげる場所を得られますように」というふうに。

この「願い」をまず自分自身のために、そして自分の愛する人のために言ってから、友人に移ります。友人との関係には少し複雑なところがあります。大切に思うこともありますが、ときには嫉妬を感じることもあるからです。「ジェーンが幸福と、幸福のもとを享受できますように」と言ってみましょう。そして、愛あふれる優しさを彼女に向けてみるのです。ひとつの段階を進むのに、どれだけ時間をかけてもかまいません。いかにも不自然な願いだと感じても、自分を非難してはいけません。

四段階目では、特に親しいわけではない人に愛あふれる優しさを向けます。顔を合わせることはあるけれど、深くは知らない人たちです。特別な感情は何もありません。「あの店員（バスの運転手、同じアパートに住む女の人、通りで物乞いをしている人）が幸福と、幸福のもとを享受できますように」と言ってみます。そして自分の心が開いているか閉じているか、見つめてみましょう。どんなときに自分の優しさが閉ざされ、どんなときにみなぎってくるかを知るのです。

仏教の教えでは、人生の繰り返しの中で、すべての存在は「母」のようなものであるとしています。かつてこの人たちはみな、私たちの幸福のために自らの安楽を投げ打ってくれましたが、私たちもまたほかの人たちのためにそうするのです。もっとも今日では、この「母」という言葉は必ずしもいい意味ばかりとは限りませんが、私たちが出会う人たちはみな愛すべき人である、と考えることが大切です。通りで会った人、食料品店で会った人、交通渋滞の中で、あるいは空港で会った人に意識を向け、感謝することで、私たちの愛する能力は強化されます。この実践によって「無関心」という壁を打ち壊し、愛や優しさがあふれてくるようにするのです。

五段階目は、腹立たしい気分にさせる人に目を向けます。顔を見るだけで、身構えてしまうような人です。この人たちにも同じように「願い」を向けてみましょう。「この意地悪な人が幸福と、幸福のもとを享受できますように。この腹立たしい人がボーディチッタに目覚めますように」と。

はじめは、そんなに険悪な関係ではない人にするといいでしょう。深く傷ついた関係から始めると、とても無理だという気持ちが先に立ってしまいます。そうなると、実践するのが恐ろしくなり、やる気がなくなってしまいます。ですから、この五段階目では、何となくマイナスの気持ちを感じる人から始め、最も険悪な関係の相手は後回しにします。そんなに難しくないところから取りかかれば、すごく嫌いな人にもだんだん心が開けるようになります。

腹立たしい人は、心を開こうとする自分の限界を試す存在として、実践では特に貴重です。こういう人たちは、あからさまな自分を見せてくれます。私たちがどのように自分を守ろうとするかを、彼らのおかげではっきり見ることができるのです。シャンティデーヴァは、このことを次のように説明しています。「寛大になりたいと願っているときに、物乞いが来たら、絶好のチャンスというものだ。どのようにして与えるかを、その人のおかげで学ぶことができる」。同じように、忍耐や無条件の愛あふれる優しさを実践したいと思っているときに憎い相手がやってきたら、幸運というよりほかかありません。その腹立たしい人がいなければ、実践のチャンスは決して得られないのですから。

アティーシャがボーディチッタの訓練をインドからチベットに持ってくる前のことです。彼はチベットの人々はみな例外なく陽気で、親切だと聞かされていました。もしそうなら、自分を怒らせ、自分の弱いところを教えてくれる人がいないのではないかと心配しました。それで、彼は自分にとって一番手ごわい人間をチベットに連れていくことにしました。それはベンガル人の給仕でした。その男は、彼の欠点を彼に示すことにおいては、アティーシャの導師と同じくらい上手でした。もっとも、実際はこの給仕を連れていく必要はありませんでした。チベットにも腹立たしい人はたくさんいたからです。

第六段階は「完全に壁を取り払う段階」と呼ばれています。自分自身、愛する人、友人、特に親しいわけではない人、そしてベンガル人の給仕のような腹立たしい人などをすべて、目の前にイメージします。そして、優しい心をその人たちに向けるようにします。愛する人、敵と思える人、また何の関心も感じない人に対しても、愛あふれる優しさを呼び起こすようにします。「私たちみんなが等しく幸福と、幸福のもとを享受できますように」と言ってみましょう。あるいは、自分の言葉に置き換えて願ってみましょう。

最後の段階は、この世に存在するすべてのものに愛あふれる優しさを押し広めます。

できる限り遠くまで、願いを広げるのです。身近な人たちから始め、その愛の輪を、近所の人、都市、国家、世界へと徐々に広げるのです。「この世界のすべての存在が幸福と、幸福のもとを享受できますように」。この願いは「全世界が平和でありますように」と願うのと同じ心です。

どの段階も、自分のかたくなな心を開く練習になります。ひとつの段階にゆっくりと時間をかけてもかまいません。実際、多くの人は、第一段階の訓練に一週間かそれ以上かけて、「自分が幸福と、幸福のもとを享受できますように」と何度も何度も願います。この七つの段階をもっと単純にして、次の三つにすることもできます。「私が幸福と、幸福のもとを享受できますように。あなたが幸福と、幸福のもとを享受できますように。あらゆる存在がみな幸福でありますように」

愛あふれる優しさの実践を終えるときは、すべての言葉、すべての「願い」を捨て去り、座ったまま無の境地で瞑想に戻ります。

この実践で最も重要なことは、偏りなく愛する能力を見出すことです。「願う」ということは、芽が出ますように、と善意の種に水を与えるのに似ています。この実践をつづけているうちに、私たちは自分の心の中に築かれた壁――無関心、無力感、猜《さい》疑《ぎ》心、怒り、義憤、傲慢さやその他もろもろの感情――を知ることができます。そして、恐れや貪欲さや嫌悪といった感情と親しくなれるのです。自分の中にある邪悪な感情に関心を向けない限り、他者によい心を向けることはとうていできません。私たちが出会うあらゆるものが、愛あふれる優しさを培ういい機会を与えてくれるのです。

第8章　思いやり

悪しきことを外へ追い出すやり方もありますが、
私は、悪しきことを思いやりとともに受け入れます。
――マチク・ラブドロン

◙苦しみの中にあるものを想像する

愛する能力を養うのはボーディチッタを目覚めさせる道でしたが、思いやりを育むことでもボーディチッタは目覚めます。でも、思いやりを育むことは、愛あふれる優しさを育むよりずっと辛いかもしれません。積極的に苦痛を感じようとしなければならないからです。これには、どうしても「戦士」としての訓練が必要になります。

思いやりを呼び起こすために、十九世紀のヨーガ行者パトラル・リンポチェは、「苦しみの中にあるものを想像するように」と言いました。と殺場に連れていかれようとしている動物とか、死刑を待つ人などです。そして、「自分がその立場だったらと考えてみるように」と言います。彼のイメージの中でも、荒れ狂う河に自分の子どもが流されていくのに、ただ見ているしかない両腕のない母親の姿は、痛ましい限りです。他者の苦しみをそのまま自分のものとして受け止めることは、腕のない母親の立場に身を置くのと同じくらい辛いものです。考えるだけでも恐ろしいでしょう。「思いやり」を見出す訓練では、私たちは苦痛への恐れを体験します。思いやりの実践には勇気がいるのです。落ち着いて、自分を脅《おびや》かすものに目を向けます。嫌悪のあまり心を閉ざすのではなく、苦痛とともにとどまること、恐れにあらがうのではなく、恐れを自然に受け入れること、それがこの訓練の秘訣です。

苦しみの中にあるもののことを考えるだけでも辛いのですから、ましてや彼らの立場に立つ辛さは言うまでもありません。ですから、まず簡単なところから始めます。「願い」を実践することで、勇敢さを養います。自分自身も嫌いな人も含めて、すべての存在が苦しみと苦しみのもとと無縁でありますように、と願うのです。

ここでも、心を和らげ、いつどのようにして心を閉じようとも自分を許し、自分に正直になるために、七段階に分けて「願い」を実践します。自分を正当化したり非難したりしないで、苦しみに対しても勇気を持って心を開くようにします。それは、自分を守る壁を作りあげようとするときに感じる痛みかもしれませんし、自分や他者の悲しみに対して心を開くときの痛みかもしれません。失敗からも、成功からも同じように学ぶことができます。「思いやり」を養うには、自分たちの経験から苦しみや共感だけでなく、残酷さや恐怖までも引き出さなくてはならないのです。

思いやるということは、決して医者と病人のような関係ではありません。それは、対等な関係です。自分の心の闇を知ってはじめて、他者の心の闇がわかるのです。みな同じ人間であると気づいたときに、本物の思いやりが生まれるのです。

思いやりの訓練も、愛あふれる優しさと同じように身近なところから始めて、徐々に広げていきます。まず、自分の中にある心から苦しみを感じる能力を探します。そして、自分が思いやりをあげたいと思う人々をリストにしましょう。孫とか兄弟とか、死ぬことを恐れている友人とか、新聞や本などで見たり聞いたりする人たちでもいいでしょう。どんな人であれ、真に思いやることが大切です。

◙心の壁がすとんと落ちる

この訓練を正式にやるとしたら、やはり静かに瞑想することから始めます。それから七つの「願い」を言います。まず自分自身からです。古くからある願いの言葉を言いましょう。「私が苦しみと、苦しみのもとと無縁でありますように」。心にぴったりくるように自分の言葉に換えてもいいでしょう。ただ、感傷的なものや、わざとらしいものは避けます。

ティク・ナット・ハンの「願い」の言葉にこういうのがあります。「私が事故にあわず安全でありますように。怒ったり、恐れたり、心配したりしませんように。無関心になったり、欲深くなったり、何かをひどく嫌ったりしませんように。自分をごまかしませんように」

自分を思いやる気持ちが生まれたら、次に移ります。「実験用動物が苦しみませんように。私の十代の甥が薬物に手を出しませんように。老人ホームのおじいちゃんが寂しくありませんように」。辛い気持ちに打ち負かされてはいけません。ここで大切なのは、心からの思いやりの気持ちを感じることです。

第三段階では友人を思い浮かべ、その人が苦しまなくてもいいようにと願いましょう。型どおりには「友達が苦しみと、苦しみのもとと無縁でありますように」となりますが、もっと具体的にしてもいいのです。「ジャックがお兄さんを恨むのをやめますように。マリアの体の痛みがやみますように」。それから、たいして親しくない人、嫌いな人へと移ります。

第四段階の特に親しくない人への「願い」は、けっこう大変です。たいがいの人は、ここで無感覚になってしまいます。「願い」を言っても、よく知らない人だとピンと来ないのです。こんなにも多くの人に対して、自分がいかに無関心だったか、あるいはいかにその人たちを恐れていたかがわかって、ショックだったりします。特に都市に住んでいると、毎日何千人もの人々を無視して過ごしているのです。そういう点からも、この特に親しくない人々のために願うということは特に重要だと思います。通りで見かけただけの人なのに、「苦しみがありませんように」と願うと、その人がはっきりと見えてきます。心の壁がすとんと落ちるように感じます。この「思いやりの願い」をすることで、私たちは自分自身を孤立や無関心の「牢獄」から開放し始めるのです。

第五段階では、腹の立つ人に思いやりを向けます。すると、自分の中にある偏見や嫌悪感がはっきり見えてきます。腹立たしいけんか相手を思いやるなど、まったくおかしなことだと感じるかもしれません。大嫌いな人や苦手な相手が苦しまないようにと願うなどできっこない、とも思います。

ここで、「だれかに対して心を閉じれば、自分を傷つける」ということをもう一度思い出してください。恐れや怒りや自己憐憫などの悪癖は、黙認することでさらに強力になってしまいます。最も思いやりのある行為とは、これらの悪癖を断つことです。すぐに自分の殻に閉じこもり、心の壁を高く築きあげるのをやめて、今まで思いもつかなかったことをやってみる、それが嫌いな人たちのために願うことです。苦手な人の顔を思い浮かべ、もしそのほうがやりやすいなら、その人の名前を呼んでみましょう。そして言うのです。「この腹立たしい人が苦しみと、苦しみのもとと無縁でありますように」と。すると、私たちの心の中にある「恐れ」が消え始めます。世界中の人々の叫び声を聞く力を見出すために、「思いやり」の意志表示をするのです。

自分自身、愛する人、友人、特に親しくない人、そして嫌いな人など、全部の人に思いやりの「願い」をするのが第六段階です。こうして、人と人とを隔てる意見の壁や偏見を明らかにする訓練をします。まず、「私たちみんなが等しく苦しみと、苦しみのもとと無縁でありますように」という願いを声に出して言います。次に、その願いをもっと広い範囲に押し広め、あらゆる存在が苦しみと、苦しみのもとと無縁でありますように、もうだれも偏見などにとらわれませんように、と願います。

この「思いやり」の実践によって、私たちは苦しみのもとについて深く理解し始めます。人を苦しめる状況がなくなるようにと願うだけでなく、私たちみんなが無知や混乱を増大させるような行動や考え方をしなくなるように、と願うのです。固定観念にとらわれたり、心を閉じたりしないように、私たちはお互いにばらばらで当然なのだという誤解が消えてなくなりますようにと願うのです。

◎街中で「願い」をつぶやいてみる

すべての人は、このような目覚めを経て、他者に援助の手を差し伸べるように生まれついていると言われています。また、この性質は伸ばすことができるとも言われています。「願い」をするとき、私たちはこの性質を伸ばそうとしているのです。そうしないと、小さくなってしまいます。ボーディチッタは酵母菌に似ています。菌がなくなることはありません。「思いやり」という湿り気と温度を与えさえすれば、いつのまにかその働きは広がっていくのです。でも、冷蔵庫で凍らせたままでは、何も起きません。

思いやりの「願い」は、街中でおこなうと特に効果があります。私は、何が起こるかわからない、矛盾に満ちた世界のど真ん中でこれを実践するのが好きです。そうすると、気持ちに行動までも伴ってきます。古くから言われているように、これは、ボーディチッタの「心」だけでなく「行動」も培えるのです。日常的に目にする苦しみに対して意義があると感じられるのは、こうした街中での実践です。

スーパーのレジで並んでいるとき、目の前にふてぶてしい態度の若者がいたら、「この子が苦しみと、苦しみのもとと無縁でありますように」と願います。エレベーターで見知らぬ人と乗り合わせたとします。その人の靴とか手とか、ちょっとした顔の表情に目が行きます。その人もまた私と同じように、ストレスのない生活を望んでいるでしょうし、心配事を抱えているのだな、と考えます。希望や恐れ、喜びや苦痛などを通して、私たちは深く結びついているのです。私は、朝食のテーブルについているときも、瞑想センターにいるときも、歯科医院にいるときも、いつでも「願い」をすることにしています。

その場ですぐに「願い」をつぶやいてみると、その人はもう他人ではないと感じます。知らない人が事故にあったという記事を見たら、さっさと読み流して次の記事に移ることはしないようにしています。その知らない人があたかも自分の親友であったかのように、その人や家族のことを思いやるのです。だれかに暴力を振るった人のために「願い」を言ってみるのも、よい訓練になります。

四つの特性を伸ばすこの「願い」の実践は、無関心になるのを避け、自分の偏見を見つめ、その偏見を助長しないようにする訓練です。だんだんと苦痛に対する恐れを乗り越える方法がわかってきます。世界中の人々の悲しみがわかり、愛と思いやり、喜びと平静さをすべての人に、あまねく押し広げることができるようになります。

以前に、ある教師から、永遠の幸福を望むなら、自分の「まゆ」から抜け出すよりほかに道はないと言われました。私が、自分以外の人を幸福にするにはどうすればいいのかと尋ねると、その人は「同じです」と答えました。ですから、私はこの「願い」の実践をします。自分を満足させる最もよい方法は、他者を愛し気遣うことだからです。「願い」の実践は、自分自身を不幸にするだけでなく、あらゆる人に苦悩をもたらす「心の壁」を、力強く打ち壊してくれるのです。

第9章　トンレン

喜びや悲しみを感じるのは、だれもみな同じ。
だから自分だけでなく、すべての人を守りなさい。
——シャンティデーヴァ

◎いやなものを吸い込み、安堵を吐き出す

自分と他者の立場を取り替える実践「トンレン」も、愛あふれる優しさと思いやりの心を活発にするボーディチッタの訓練です。トンレンとは、チベット語で「与えることと受け取ること」を意味します。自分や他者の苦悩を快く受け入れ、すべての人に幸福を贈るということです。アティーシャがチベットへもたらしたボーディチッタの教えには、トンレンの実践も含まれていました。

トンレンへの取り組み方はいろいろありますが、実践の基本はどれも同じです。自分もほかの人たちも苦しみと無縁でありますようにと心から願いながら、苦痛に満ちた不快なものを吸い込むようイメージして息を吸います。そのとき、なぜその苦痛が生じたかという「背景」は削ぎ落として、エネルギーだけを感じるようにします。どんな苦痛に対しても、常に心を全開にしておくのです。息を吐くときは、私たちみんなが幸福になるようにと願いながら、苦痛から解放された安堵感を送り出します。

ほんの一時でも不快なエネルギーを喜んで受け入れようとすれば、徐々に恐れがなくなります。そうなると、苦しんでいる人に出会うと、何のためらいもなくその苦しみを吸い込み、安堵を送り出すことができるようになります。

トンレンの実践は、正式には四段階あります。第一段階は、静かで開放的な瞬間、つまり無条件のボーディチッタがあらわれる瞬間を感じます。第二段階では、まず息の詰まるような感覚、次に広大な広がりの感覚の、生のエネルギーをイメージします。第三段階は、この実践の本質というべきものです。いやなものを吸い込み、安堵を吐き出します。第四段階では、同じような感情を抱いている人すべてに思いやりを押し広めます。この第三段階と第四段階を組み合わせて、自分自身と他者の両方のために息を吸い、吐いてもいいのです。

回エネルギーに対して心を開く

第一段階では、開いた心、無条件のボーディチッタの一瞬を体験します。この段階は非常に重要なのですが、口では説明しにくい部分です。この実践に関係するのは、仏教のシュンヤータの教えです。シュンヤータは、「空《くう》」とか「開いていること」という意味です。心がこのシュンヤータを体験すると、自分がとてつもなく大きく、何でも受け入れることができると感じます。ひっかかりはまったくありません。あがくのをやめ、くつろいだ心でいれば、感情は自分の中を通り過ぎるだけで、わだかまったり、大きく膨れあがったりしなくなります。

「開いている」という感覚を得るには、私たちが持つエネルギーのすばらしさを信じることが基本です。エネルギーが湧きあがり、とどまり、通り過ぎていくままにしておくのです。エネルギーは常に活発に動いており、それをつかまえることはできません。ですから、まず、私たちがどのようにしてエネルギーを遮ったり凍らせたり、自分の体と心を緊張させるかを知ることから訓練が始まります。次に、頭に浮かぶものを解釈したり判断したりしないで、ひたすら身も心もゆったりとくつろぎ、エネルギーに対して心を開くようにします。

「開いている」という感覚を一瞬でも味わったら、私たちはいつでも固定観念を捨て、何か開けっぴろげで新鮮な、偏りのないものと結びつくことができると感じられるようになります。次の段階では、息の詰まるようないやな感覚の持つエネルギーを吸い、自分の中の、青空のように広々とした空間へと吸い込むのです。そして、開いた柔軟な心の自由さを、だれもが体験できるような何かを送り出します。実践をつづければつづけるほど、このはてしない空間と容易に結びつくことができるようになります。やがて、自分がすでに目覚めていることに気づくでしょう。

この開いている感覚は、どう説明すればいいでしょう。私がはじめてその感覚に気づいたのは、本当に単純なことからでした。私が瞑想をしていた会館では、大きな換気扇が低い音をたてていました。そのうち、その音が気にならなくなり、そんな状態がしばらくつづきました。ところが、その音が突然止まったのです。何かがふと途切れ、静寂が訪れました。これが、私がはじめてシュンヤータに出会った瞬間でした！

この開いている瞬間を、大海原や雲ひとつない大空にたとえる人もいます。はてしない広がりを思わせるイメージなら、どれも当てはまります。グループで瞑想するときは、はじめにゴングが鳴ります。このゴングの音が、心を開く合図です。開いている瞬間はとても短く、ゴングが鳴り止むまでもつづきません。持続させることはできないのです。瞬間的にそれに触れ、訓練をつづけます。

トンレンの第二段階は、どんよりと重く、熱く、息苦しいものを吸い込むことから始めます。この息の詰まるような感じは、炭塵《たんじん》とか黄みがかった濃厚なスモッグを思い浮かべればいいでしょう。そして、大きな広がりを持つもの、ひんやりと新鮮で軽やかなものを吐き出すようイメージします。明るい月の光とか、水面できらめく日の光とか、カラフルな虹の光を思い浮かべてください。

どんなイメージでもいいですから、そのイメージを口や鼻からだけでなく全身で吸い込み、全身から吐き出すことを想像します。自分の呼吸に合わせてこれを繰り返すと、取り込んでいるもの、吐き出しているものがはっきりわかるようになります。いつもより少し深めに息をしてみてもよいでしょう。ただ、息を吸い込む長さと吐き出す長さは、同じにすることが大切です。

でも、バランスよくできずに、どちらかが長くなることもあります。たとえば、どんよりと重く暑苦しいものを吸い込むよりも、新鮮で軽やかなものを吐き出すほうが気持ちいいと感じたりします。その結果、吐き出す息はゆったりと長いのに、吸い込むのはほんの少しになったりします。あるいは、いやなものを吸い込むのは問題ないが、自分には送り出すものがあまりないと感じたりします。すると、吐き出す息が少しになります。送り出すものが何もないと感じたら、私たちは自分が個人的に持っているものを送り出すのではないということを思い出してください。ただ、私たちみんなで共有している空間に心を開いているだけなのです。

第三段階では、だれか特定の人のためにします。その人の苦痛を吸い込み、安堵感を送り出すのです。古くからトンレンは、自分に関係する人、思いやりを無理なく向けられる相手から始めるようにとされています。息を吸い込むとき、その人の苦痛を受け入れるために心が大きく開くところをイメージします。息を吐くときは、勇気と開かれた心を送ります。でも、「やっと少し開放感が得られた。もう離したくない」などと、いつまでも執着してはいけません。分け合うのです。

このように実践をつづけていると、息を吸い込むことは、いやなことにもいつも心を開き受け入れることとなり、息を吐くことは、執着を捨て、もっと心を開くこととなります。こうして息を吸い、吐くたびに、苦痛に対し心を閉じ、慰めを与えてくれるものにはいつまでも執着するという、古くからの習性がだんだん消えていくのです。

あるホスピスでは、エイズの患者同士でのトンレンを勧めています。こうすることで、同じ立場にある者同士が密接なつながりを持てるようになり、恥じる気持ちや恐れ、孤独が和らぐのです。ホスピスの職員も、患者や家族が勇気と明るさを見出し、恐れから解放されるようにと願い、よい雰囲気を作るためにトンレンをします。

回まわりの空気を浄化する効果も

他人のためにトンレンをすることで、私たちの狭い心、多くの苦しみを生み出す閉ざされた心に、風穴を開けることができます。自己への強いこだわりを捨て、他者に心を向けることで、ボーディチッタにつながることができます。だからこそトンレンをするのです。自分自身の苦しみであれ他者の苦しみであれ、苦しみがあるときはいつでもトンレンをするのです。やがて、自分のためにしているのか他者のためにしているのか、わからなくなってきます。でも、そんな区別などいりません。

病気のお母さんを助けたくてトンレンを実践するとします。でも、どういうわけか、罪の意識や恐れ、うっ積した怒りなどが湧いてきて、うまくいかないことがあります。そんなときは目先を変えて、自分のもやもやした気持ちを吸い込みます。個人的な痛みを、自分と同じように心を閉じ、恐れを抱いている人たちにつながるものとして利用するのです。いやな感情に対して心を開くことは、まわりの空気を浄化する力を持っているのです。

吐く息で何を送り出せばいいのか、わからないときもあります。私たちは、広々とした気持ちのよさや安堵感、愛あふれる優しさなど抽象的なものばかりでなく、花束のような具体的なものを送ってもかまわないのです。

精神分裂病のお父さんのためにトンレンをしている女性がいました。彼女は、お父さんが苦しみから解放されるようにと願いながら息を吸い込むことには、何の困難も感じませんでしたが、息を吐き出すときに、どうしていいかわかりませんでした。お父さんの助けになるものを思いつかなかったからです。結局、おいしいコーヒーをいれてあげることを思いつきました。お父さんはコーヒーが好きだったからです。つまり、相手のために役立つものなら何でもいいのです。

この実践の目的は何事にも心を開くことですが、欲張りすぎてもいけません。常に心を開いておきたいと願うものの、いつもうまくいくわけではありません。でも、できる範囲でトンレンをすれば、私たちの思いやりの心は徐々に大きくなっていきます。

具体的なだれかのためにトンレンをすると、自然と第四段階に入れます。第四段階では、同じ苦しみを持つすべての人へ思いやりを送ります。たとえば、夫を亡くした妹のためのトンレンでは、愛する人を亡くして同じように悲しんでいるほかの人たちの苦しみも吸い込み、その人たちみんなに慰めとなるものを送り出します。虐待された子どもがいたら、保護する人もなく、怯えているすべての子どもたちのためにトンレンをします。そこからさらに、恐怖に怯えるすべてのものにまで対象を広げます。自分自身の苦痛を和らげるためにトンレンをするときも、常に同じような苦しみを抱えた人たちに思いを馳せ、その人たちのためにも息を吸い、吐きます。つまり、具体的なことから始めて、その輪をできるだけ大きくしていくのです。

トンレンは、日常的に実践するのがよいでしょう。日々の生活の中にトンレンを持ち込むことは、座布団に座ってやるよりもずっと無理がなく、自然に感じられます。対象に事欠かないというのも理由のひとつです。いやな気持ちになったり、困っている人を見かけたりしたら、すぐに実践しましょう。四段階あるとか、呼吸と合わせるとか、そんなことはいいのです。その場ですぐ、その苦しみに対して息を吸い、息を吐きましょう。

日常生活の中で実践することは、とても簡単です。不愉快な感情が起きてきたら、即、その感情を吸いこみ、その感情が生じた「背景」を削ぎ落とします。それと同時に、同じような不愉快さを感じている人々に思いを馳せ、私たちみんながこの苦しみと無縁でありますようにと願いながら息を吸います。そして息を吐き出すとき、慰めとなるものなら何でもいいですから、自分と同時にほかの人たちにも送るのです。苦しんでいる動物や人間に出会ったら、同じように実践します。自分が苦しい立場に追い込まれたり、辛い感情が起きてきたりしても、いつでもトンレンをしてみるのです。これを繰り返しているうちに、無意識のうちにできるようになります。

やがて、日々の生活の中で何が幸福をもたらしてくれるかがわかるようになります。それがわかるようになったら、ほかの人々と幸福を分かち合い、トンレンの実践をより深めていくのです。

「戦士」や「菩薩」としては、トンレンの実践を積むほど、よりいっそう喜びと平静さを受け入れられるようになります。勇気を持って、心から実践に取り組めば、自分自身やほかの人の善良さに触れることができるようになります。自分の好きな人でも、嫌いな人でも、あるいはまったく知らない人でも、あらゆる人が生まれつき備えている力を認められるようになるのです。トンレンは私たちの偏見に風穴を開け、気さくで優しい世界へと導いてくれます。

でも、トゥルンパ・リンポチェがよく言ったように、トンレンを実践したからといって約束できるものは何もありません。自分の問題には、自分で答えを出さなければなりません。トンレンは、本当に苦しみを和らげるのだろうか。自分は別にしても、本当にほかの人の役に立つのだろうか。地球の裏側にいる人にはどうなのだろう……。トンレンはそんなに難解なものではありません。シンプルで、とても人間的です。実践することで、何が起きるかを自分で見つけてください。

第10章　喜ぶ力を見つける

マイトリに満ちた豊かな大地に思いやりの花を咲かせよう。
喜びにあふれた涼しい木陰で、その花に穏やかさの水を与えよう。
——ロンチェンパ

回曇りひとつない、喜びに満ちた幸福

ボーディチッタの実践をつづけていると、自分に本来備わっている善良な心が見えてきて、だんだんと喜びを感じられるようになってきます。強い葛藤や、自分と他人は違うという感覚はまだまだ残ってはいますが、心を開きつつある自分に自信を覚え始めてもいます。このみずみずしく偏りのない自分への信頼から、限りない喜び、執着も渇望もまったくない真の幸福がもたらされます。これは、曇りひとつない、喜び

に満ちた幸福です。
この喜びをもっと増やすには、どうしたらいいのでしょうか。まず、現実をあるがままに受け入れる訓練をします。座って瞑想をし、洞察力を高め、自分をあるがままに受け入れる訓練をします。自分の体の中で安らぎ、感情や思考を「不動の心」を持って眺めるのです。私たちの心の中には小さな庭があり、耕《たがや》されるのを待っています。耕されることで、肥沃な土となります。岩がごろごろしていたり、乾いた土壌であったりしても、忍耐強く耕すのです。すると、その庭土は少しずつ豊かになっていきます。

喜びというのは、自分の現実に可能性を見出したときに生まれるものです。もっといい場所はないかと探すのはやめましょう。よりよい場所を求めつづけても、うまくいかないのはわかっているのですから。たしかに、岩しかないところに突然すばらしい花が咲くことはありません。でも、いつかきっと何かが育つと信じることが大事なのです。

心の庭を耕せば、ボーディチッタがよく育ちます。喜びは、自分に愛想尽かしすることからは生まれません。自分を信じ、自分に本来備わっている「戦士」の心に触れるところから生まれます。心を鍛えることで、特に、喜びと感謝を感じる心を鍛えることで、喜びは大きく広がっていくのです。この訓練にも七段階の「願い」の実践があります。

感謝の気持ちと喜びを目覚めさせる「願い」には、「私もほかの人も、苦しみのない大いなる幸福を享受できますように」というのがあります。つまり、心が常に大きく開かれ、何ものにもとらわれないように、ということです。私たちに本来備わっている善良さから生まれる強さと結びつくということです。

◎生活の細かい部分に注意を払おう

この訓練は、まず、健康や知性や恵まれた環境など、基本的な幸運を感謝することから始めます。人間として生きていることに感謝するのです。「戦士」として目覚めようとしている人なら、ボーディチッタの教えを聞いたり実践できたりする幸運でもいいでしょう。より熟達した「戦士」を「心の友」として持つのは、二重の幸運でもあります。

第一段階では、自分自身の幸運を喜びます。自分の生活の中に見つけたほんの小さな幸運を喜ぶ訓練をするのです。私たちは、幸運をよく見過ごしています。幸福も、気づかないうちにやってきます。驚き顔の男が「あれは何だったんだ」と言っている漫画がありました。そこには、「ボブは幸福を味わった」と説明が添えてありました。本当はとても幸運なのに、私たちはなかなかそれに気づけないのです。

重要なのは、自分の生活の細かい部分に注意を払い、その瞬間瞬間を味わうことです。鍋やフライパン、洋服や自分の歯など、ありふれたものにも関心を払い、それらの中に喜びを見出すのです。野菜を洗ったり、髪をといたりしているときも、感謝の気持ちを感じてください。自分自身だけでなく、身のまわりのあらゆるものに親愛の情を示します。すべてのものに意識を向け感謝することで、私たちは現実としっかり結びつき、喜びを感じることができるのです。感謝を、自分の置かれた環境やほかの人たちにまで押し広げることで、喜びはさらに大きくなります。

禅の作法では、人間にだけでなく、ごくありふれたものに対しても、敬意をあらわすためにお辞儀をするように教えられます。ほうきや便器や植物にまで、同じような心遣いをするようにと教えられます。

トゥルンパ・リンポチェが朝食のテーブルを準備しているのを見ていると、まるで花を生けているか、舞台の飾りつけをしているかのように感じられました。細々としたものを、嬉々として並べているのです。ランチョンマットとナプキンを置き、ナイフとフォークとスプーンを並べ、そして皿とコーヒーカップをセットする。これを仕上げるのに、どれだけ時間がかかったことか！　私の場合は数分ですませてしまいますが、テーブルをセッティングするときは、喜びを感じるよい機会と思って、その時間を大切にしています。

ありふれたものを喜ぶことは、感傷的なことでも陳腐なことでもありません。けっこう骨の折れることです。不平をこぼすのをやめ、毎日の幸運から元気をもらうことで、私たちはだんだんと「戦士」の世界に入っていきます。辛くてたまらないときも、これを実行するのです。私たちの見るもの、聞くもの、味わうもの、嗅ぐ匂いのすべてに、私たちを強くし、元気にさせる力があります。ロンチェンパが言うように、喜びのすばらしさとは、涼しくて気持ちのいい木陰のようなものです。

第二段階は、自分の愛する人のことを思い、その人の幸運を感謝します。まず、好意を感じる人から始めます。その人の顔を思い浮かべ、名前を言ってみてもいいでしょう。そして、病気が直って元気になってよかったとか、ひとりぼっちだった子が友達を見つけられてよかったとか、自分の言葉で喜びを感じましょう。あまり複雑に捉えないほうがいいでしょう。重要なのは、自分の中に、他者のために心から喜ぶことができる能力を見つけることです。永続的な喜びを感じられなくても、つかの間の喜びでもいいのです。

第三段階では、そんなに親しくない人たちの幸運を感謝し、喜ぶのですが、羨望やほかの感情が邪魔をして、なかなかうまくいかないかもしれません。これは重要なことです。この実践は、自分の優しさに気づき、その心を養うのが目的です。でも、苦しみの根が何であるかを見つめることも、目的のひとつです。「嫉妬」のような感情に対し、自分がどのようにして心を閉ざすのかをよく観察しましょう。私は、「喜び」の実践は、特にこうしたことについて大きな力を発揮してくれると思います。

近所の人の幸運を喜んでみましょう。どんな気持ちになるでしょうか。たとえば、「隣のヘンリーが宝くじに当たってうれしいです」と言うとき、心の中では何を思いますか。「向かいのタニアにボーイフレンドができてうれしいです」と言うとき、本当はどんな気分でしょう。

怒りやねたみ、自己憐憫といった感情と比べたら、この言葉は何と弱々しく感じられることでしょう。私たちはいとも簡単に、こうした感情を呼び覚まし、瞬く間に心を閉じてしまいます。そうして悪意を持つことで、自分が幸福になり、苦痛から解放されるとでも思っているかのようです。なぜそうなるのでしょう。これは、ねずみに死んで欲しいのに、自分が猫いらずを食べてしまうのに似ています。気持ちを楽にしたいと願ってすることが、逆に自分を苦しめる結果となるのです。

苦しみは攻撃的な心から生まれる、という教えを思い出してください。ちょっとした腹立たしさでも、いつまでもこだわれば苦痛となります。そんなときは、「なぜ、こんなにこだわっているのだろう」と自問してみてください。その場ですぐに苦しみの原因を探るのです。すると、よくない習慣を断ち切ろうとする自分に気づくと思います。もしかしたら一生かかるかもしれませんが、必ずできます。

回魔法は必ずやって来る

何の関係もない人だったら、どんな気持ちになりますか。通りでもどこでもいいですから、「あの男の人が日向で気持ちよさそうに座っているのがうれしいです」とか、「この犬が収容所から拾われてきてうれしいです」と言ってみましょう。何を感じますか。心の壁は高くなりますか、低くなりますか。

ここでも、自分の嫌いな人というのは偉大な教師です。その人たちの幸運を喜ぶことは、自分を知る絶好の機会です。嫌いな人の幸運や健康や良い知らせに対して、私たちはどう反応するでしょうか。嫉妬？　怒り？　それとも恐れでしょうか。そんな感情から逃れるために、私たちはどうするでしょう。自分にどう言い聞かせますか。「彼女はいやらしい人だ」とか、「私はだめな人間だ」でしょうか。このような反応や言い訳が、私たちを「牢獄」や「まゆ」の中に閉じ込めてしまうのです。

そんなときは、その場で、言葉の陰にある感情をよく探ってみましょう。私たちの心臓、肩、内臓はどう反応していますか。そうした体の状態を受け入れることは、何かにこだわりつづけるのとはまったく違います。この現実に感謝しましょう。こんなときこそ、力を抜いて、かたくなな心を柔軟にできるのです。そして、限りない喜び、私たちに本来備わっている善良さが、光り輝くのです。

もうこれで、自分や自分の愛する人、友人、特に親しくない人、嫌いな人も含め、全員に対して喜びを表明できますか。時と空間を超えて、あらゆる存在のために喜ぶことができますか。

精神修養スローガンのひとつに、「常に喜びの心のみを保ちなさい」というのがあります。とてもできそうにないような気がするかもしれません。ある男性は私に「常にというのは長すぎます」と言いました。でも、自分に本来ある善良さを見出そうとしていれば、どんな瞬間にも、限りない喜びの特徴である、すがすがしさと暖かさを感じることができます。

自分に備わっている善良さを覆い隠さないこと、自分の持っているものに感謝すること、これが喜びの心を養う道です。ところが私たちのすることといったら、自分の置かれている立場に感謝するどころか、いつまでもあがきつづけ、不満をつのらせています。花を育てようとしながら、庭にセメントを流し込んでいるようなものです。

でも、ボーディチッタの実践を重ねることで、「現在」という時間がもたらしてくれる魔法を見ることができるかもしれません。自分はすでに、神聖な世界に住んでいる「戦士」だったのだという真実に気づき始めるのです。これは日々体験できる、限りない喜びです。ただ、いつも体験できるとは限らないというのも事実です。でも、年が経つにつれて、だんだんと簡単になるでしょう。

以前、私の所属する道場ガンポ・アビーの調理人が、ひどく落ち込んでいたことがありました。私たちと同じように、彼女は何かをやっては落ち込み、何かを考えては沈み込むという状況で、どんどん憂うつになっていきました。彼女は気晴らしにチョコレートチップクッキーを焼くことにしました。でも、それがまた裏目に出ました。焼きすぎてだめにしてしまったのです。

彼女はクッキーをポケットやリュックに詰め込んで、散歩に行くことにしました。うなだれて、ぬかるんだ道をとぼとぼと歩いていました。心の中は怒りでもやもやしていました。「みんなの言う、美しいものやら魔法やら、そんなものは一体どこにあるんだろう」と、ひとりこぼしていました。

ふと顔を上げると、小さな狐が彼女に向かって歩いてきます。驚いた彼女は息を殺して、じっと狐を見ました。狐は彼女の真ん前で座り、物欲しげに彼女を見上げます。彼女はポケットからクッキーを取り出しました。狐はそれを食べると、ゆっくりと去っていきました。

彼女はこの話を私たちみんなにしてくれました。「今日は人生のすばらしさを学びました。魔法なんかないと思えるときでも、魔法はやって来て私たちを目覚めさせてくれます。あの小さな狐は教えてくれました。たとえ心が閉じても、私たちは自分の『まゆ』から外を眺め、喜びの心を見つけられるということを」

第11章　喜ぶ力を高める

わかりやすく言えば、人間の四つの限りない特性は、
「優しい心」の一言に要約することができる。
どんなときも常に優しい心を持てるようにしよう。
——パトラル・リンポチェ

回喜びも苦しみも、みんな同じ

教えを実生活に活かすには、どうすればいいでしょう。あわただしい生活の中で、どうすれば私たちが本来持っている知恵や思いやりを発見できるのでしょうか。どうすれば怒り狂っている瞬間にも本当に心を開き、人を思いやることができるのでしょう。疎外感や無力感、孤独感でいっぱいのときに、「戦士」の目でものを見、ボーデ

ィチッタに触れることなど、できるのでしょうか。

この心を分かち合う実践は単純ですから、いつでもどこでもおこなうことができます。この実践によって視野が広まり、人も自分も互いに結びついているのだと感じることができます。その場ですぐにトンレンをおこなうこともまた、私たちの喜ぶ心を高める方法のひとつです。

この実践の根本は、毎日の生活の中で苦痛を感じたら、ほかの人も同じような苦痛を感じるのだと意識しながら息を吸い込むことです。自分の心が閉じているのを自覚し、心を開く訓練をするのです。楽しいことやうれしいことに出会ったら、大いに慈しみ喜びましょう。そして、ほかの人たちもこの喜び、この安堵感を味わうことができますようにと願います。つまり、人生が楽しいときも、他人のことを思え、人生が重荷と感じるときも、他人のことを思え、ということなのです。たとえこの訓練しか思い出せなくても、自分だけでなく、すべての人たちのために非常に役立ちます。これは、ボーディチッタを目覚めさせる訓練としても、とてもよいものです。

美しい朝、おいしい食事、気持ちのいいシャワーなど、どんな小さなことも実践につながります。私たちの生活には素敵な瞬間が山ほどあるのですが、たいがいは見過ごしています。こんな当たり前のことが、どれほどの喜びをもたらしてくれるか、ついつい忘れているのです。ですから、まず立ち止まりましょう。今起きていることに目を向け、感謝することから始めるのです。たったそれだけのことでも、すばらしいことです。そして、苦しんでいる人のことを思い、その人もこうした喜びを感じ、楽しい人生が送れますようにと願うのです。

このように願いつづければ、自分自身の楽しみも見逃すことはありません。おいしい苺《いちご》を食べているとき、「私だけこんないい思いをしていてはいけない。一切れのパンさえ食べられない人がいるのだから」と考えるのではありません。この甘くておいしい果物に心から感謝するのです。それから、友達もこんな喜びを感じることができますように、苦しみにあるだれもが、この喜びを体験できますようにと願うのです。

回私たちは勇気によって癒される

どんな不愉快なことも実践の糧《かて》となります。この苦しみは自分だけのものではない、地球上には今自分と同じように苦しみを抱えている人たちがたくさんいると思いながら、息を吸い込みましょう。この単純なことが、自分や他人を思いやる心の「種」となります。さらに先に進めて、だれか特定の人、そしてすべての存在が苦しみと、苦しみのもとと無縁でありますようにと願ってもいいでしょう。こうして、自分の歯の痛み、不眠症、離婚、いろんな恐ろしいことが、人類全体をつなげてくれるのです。

ある女性が、交通渋滞について手紙をくれました。渋滞に巻き込まれるといらいらしたり、約束の時間に遅れるのではないかと不安になったりします。でも、同じく渋滞に巻き込まれているほかの人たちも、自分と同じであることに気づいたというのです。そうしたら、まわりにいる人たちに親しみを感じられるようになっただけでなく、毎日の「交通渋滞トンレン」が楽しみになったといいます。

この楽しみや苦痛を共有する訓練は、自分の持っているもの、自分の置かれている状況を利用して、ほかの人とつながろうとするものです。この訓練によって勇気が生まれ、この勇気が、自分や地球上のすべての仲間たちを癒してくれるのです。

第12章　もっと大きな心で

どの分野も偏りなく訓練しなさい。
常に心を込めておこないなさい。
――アティーシャの精神修養スローガン

回「悪い日も良好、いい日も良好」

私たちが、自分をあるがままに受け入れる心や思いやり、喜びの実践をするのは、自分や友人だけでなく、嫌いな人さえも心から受け入れられる大きな心を持つためです。偏見のない平静な心を培うのです。この四番目の限りない特性である「平静さ」がないと、ほかの三つの特性は、好きなものは受け入れ、嫌いなものは拒否するという私たちの性癖によって、大きな制限を受けてしまいます。

ある禅の師は、調子はどうかと尋ねられるたびに、「良好だ」と答えました。とうとう弟子のひとりが、「老師、どうしていつも良好なのですか。悪い日はないのですか」と聞きました。禅の師は答えて言いました。「ありますよ。でも、悪い日も良好、いい日も良好です」。これが「平静さ」ということです。

古くからある平静さのイメージは、すべての人が招待される宴《うたげ》です。つまり、すべての人、すべてのものが例外なしに招待客としてリストに載っているのです。たとえば、自分にとって最悪の相手とか、いつも自分に意地悪する人のことを考えてみてください。あるいは、ポルポトやヒットラーや若者たちを誘い込む麻薬密売人のことを考えてください。その人たちをご馳走に招待するのです。

平静でいるということは、すべてに対して戸口を開け、すべての存在を歓迎し、すべての命を受け入れることです。もちろん、恐れや嫌悪を感じる客もきっといます。今はまだほんの少ししか戸を開けていられなくても、ときには閉ざしてしまうことがあってもいいのです。だんだんと平静でいられるようになります。病気も健康も、貧困も豊かさも、喜びも悲しみもすべて受け止めるのに必要な、愛あふれる優しさと勇気を培うことは、私たちの一生の課題です。それらすべてを喜んで迎え、理解するのです。

平静でいるというのは、並外れて大きなものの見方をすることです。私たちは、自分の欲しいものは手に入れたいと望み、持っているものは失いたくないと思います。それが不幸のもとなのです。仏教の教えでは、人間の望みと恐れには八つあるとしています。喜びと苦しみ、賞賛と非難、獲得と損失、名声と恥辱です。この対になっている一方のことに執着すると、もう一方も常についてまわります。それは常に入れ替わるものなのです。この循環にとらわれている限り、真の幸福を得ることはできません。自分の人生から恐れを感じるものを取り除き、都合のいいものだけを残すことはできません。ですから、「戦士」は平静さ、つまり良いとか悪いとか、好きだとか嫌いだとかで制限を設けたりしない、広い心を養うのです。

回通りで出会うすべての人に関心を向けてみる

「平静さ」を養うには、まず、えり好みし始めた自分を早い時期に見つけます。好きだと思う気持ちが貪欲さに、嫌いだと思う気持ちが拒絶に凝り固まる前に見つけるのです。自分の偏った心を足がかりにして、ほかの人たちの困惑に思いを馳せます。この点では激しい感情ほど役に立ちます。たとえ悪い感情でもいいのです。この感情があるからこそ、自分と同じように渇望と攻撃的な感情に苦しむ人たち、望みと恐れに取りつかれている人たちに親近感を感じることができるのです。こうして、みな同じ境遇にあることを理解します。私たちはみんな、何が幸福につながり、何が苦悩をもたらすのかを深く洞察する必要があります。

近ごろ、私はある研修所の女友達を訪ねました。以前からその友達が少しも時間を守らないという苦情を耳にしていました。周囲の人たちに迷惑をかけ、腹立たしい気分にさせているのです。彼女はいつも自分に都合のいい言い訳をして、遅刻を正当化していました。そうした態度がまわりの人たちを怒らせていたのです。

あるとき、彼女がベンチに座っているのを見かけました。怒りで顔を真っ赤にし、体をぶるぶる震わせています。待ち合わせした人が、約束の時間を十五分過ぎてもまだ来ないというのです。

思わず彼女の身勝手を指摘したくなりましたが、私は、彼女が自分で気づくかどうか、待ってみることにしました。長い間、今自分がされているのと同じことを、ほかの人たちにしてきたのですから。でも、彼女は気づきませんでした。人の立場に立つことができなかったのです。それどころか、かんかんに怒って、ひどい言葉を書き残す始末です。自分がこれまでずっと待たせていた人々に思いを馳せることは、彼女にはまだできませんでした。私たちにもありがちなことですが、彼女もそれとは知らずに自分自身の苦しみを増大させていました。自分の経験を「気づき」の糧として優しさを取り戻すことをせず、さらに冷淡な人間になってしまったのです。

何年も実践を積んでも、私たちの心はつい怒りや憤慨でかたくなになってしまいます。でも、もし怒りであれ何であれ、その陰には「もろさ」があるということを、ありのままに受け止めることができたら、より大きなものの見方ができるでしょう。感情のままに行動したり感情を抑えたりするのではなく、そのエネルギーだけを感じるようにすれば、私たちは平静になれ、善悪を超えた広い心で考える力を養うことができます。こうして私たちに備わっている四つの特性のすべてを、限りあるものから限りないものに進化させるのです。固定観念で凝り固まっている自分の心を見つけ、できる限り柔軟にするように実践をつづけましょう。そうすれば、やがて心の壁が崩れていきます。

どんなときも平静でいるために、通りで出会う人すべてに関心を向けながら歩いてみましょう。これは自分に対して正直になり、他人に対してもっと柔軟になるための訓練です。だれかとすれ違うとき、自分の心が開いているか閉じているか見るのです。判断は一切せずに、魅力を感じたり、嫌悪を感じたり、あるいは何も感じなかったりするさまを見つめるのです。

暗い顔をしている人には同情を感じるかもしれませんし、にこやかな人を見ると元気が出るかもしれません。理由もわからず恐れや嫌悪を感じるかもしれません。ほめたりけなしたりすることなく、どんなときに心を開き、心を閉じるかを知ることが、この実践の根本です。こんなふうにして通りをちょっと歩くだけですが、目からうろこが落ちることでしょう。

心に湧きあがってくる感情を、他人への共感と理解を促す手がかりとしてもいいのです。恐れや嫌悪など、心を閉ざす感情が起きてきたら、ほかの人たちもみんなこうした気持ちになるのだと理解します。好意や喜びなどを感じ、心が開いた状態を経験しても、通りで出会う人たちに親しみを持ちます。どちらにしても、私たちの心は大きく広がり始めるのです。

回すべての人に限りない思いやりを感じる強さ

他の三つの限りない特性と同じように、「平静さ」の実践も七段階あります。好き嫌いにとらわれず、ゆったりとした安らぎを感じること、それが「平静さ」です。自分や自分の愛する人が、のびのびと自由な気分でいられますようにと願いましょう。次に、友人、特に親しくない人たち、嫌いな人たちのために願います。それから、この人たちみんなが平静でいられるようにと願います。最後に、この世のすべての存在へと「願い」を広げます。「すべての存在が大きな平静さの中で、激情や攻撃的な心や偏見と無縁で暮らせますように」と。

「平静さ」の実践は、愛あふれる優しさや思いやりの実践をする前にしてもいいでしょう。貪欲さや嫌悪感がどれほどの苦痛をもたらすか、幸福を失うかもしれないという恐れがどれほどの苦痛をもたらすか、ある種の人々は思いやりや愛に値しないと思うことがどれほどの苦痛をもたらすか、よく考えてみましょう。そして、嫌いな人も恐れを感じる人も含めて、すべての人に限りない愛と限りない思いやりを感じる強さと勇気を願いましょう。これがこの実践の目的です。

経典「メッタ・スートラ」にあるように、「世界の隅々にまで友愛の情を示しながら、人は限りなく広い心で、生きとし生けるすべての存在を慈しむことができる」のです。何事にも平静でいるには、良いものや悪いもの、美しいものや醜いもののすべてに、理解と思いやりを向けるようにしなければなりません。でも、常に平静な状態、偏見のまったくない状態になっても、すべてが平穏で完全に調和がとれた世界が出現するわけではありません。私たちの戸口にやってくるものすべてと、十分にかかわりを持つことが大切なのです。これが、「真に生きている」ということなのです。

平静さを養うには、いくつかのものを捨てなくてはならないでしょう。たとえば、現実を否定して自分を慰めようとする心、自分が好ましいと思うものだけを受け入れて安心を得ようとする心などです。心を広げるために必要な勇気は、自分をいたわり、ゆっくりと時間をかけることで生まれます。何か月、何年と実践をつづけていれば、だんだんと心も精神も広がっていくのを感じることができます。どれだけの時間が必要かと尋ねる人もいます。そんなとき、私はこう答えます。「少なくとも、一生かかります」と。

第13章　敵に出会う

常に親切でありなさい。
そうすれば人生で何を学ぶべきかが自然にわかる。
仕事を持っていても、持っていなくても、
あなたを導いてくれる人がパッとあらわれる。
――シャーロット・ジョコ・ベック

回余計な荷物を抱えていませんか？

本当の勇気というのは、自分をごまかさないことです。でも、自分の行為をまっすぐ見つめることは、たやすいことではありません。自分を見つめることは、はじめのうちは不愉快で、戸惑いを覚えるものです。何事にも動揺せずに明確な視野を持とうとすると、すぐに善悪を判断しようとしたり、些細なことにこだわったり、傲慢だったり、自分のいやなところばかりが見えてきます。こうしたことは「悪」ではなくて、単なる心の「癖」です。でも、この癖をよく知っていくうちに、だんだんとその力も弱まってきます。やがて、私たちの本来の性質はまったく単純で、善でも悪でもないということが確信できるでしょう。

「戦士」は、自分の生き方について責任を持とうとします。人生とは、余計な荷物をずるずると引っ張っていくようなものです。荷物を開き、自分が運んでいるものは何なのかをよく見てみるのも、ひとつの訓練です。そのうちに、荷物の中味のほとんどはいらないものだとわかるようになります。

いらないものを見極めるには、古くからある「四つの限りない特性に近い敵と遠い敵」という教えが有効です。「近い敵」というのは、四つの特性によく似ているものです。でも、似てはいても、それは私たちを解放するのではなく、苦しめます。「遠い敵」というのは、四つの特性とは対極にあるものです。これもまた私たちの行く手を阻みます。

回何かを得るために愛してはいけない

愛あふれる優しさの近い敵、つまり私たちが愛あふれる優しさと取り違えてしまうものは、「愛着」です。チベット語の「ルヘンチャク」という言葉が、この心をよくあらわしています。ルヘンチャクとは、本来優しいものであるはずの愛が、道をそれたり、問題を起こしたりする状態を指します。ルヘンチャクが特に強くあらわれるのは、次の三つの関係とされています。親子の関係、恋愛関係、宗教上の師とその弟子の関係です。ルヘンチャクの特徴は、相手への執着です。強いこだわりがクモの糸のように私たちをがんじがらめにしてしまいます。これは、人間の成長の妨げとなります。当然、ルヘンチャクで結ばれた関係は、いらいらのもととなり、私たちを盲目にします。

愛あふれる優しさは、ルヘンチャクとは異なります。何かを得るために愛するのではありません。愛とは、その人の幸福を純粋に願うことです。その人の価値を尊重することです。その人が立派かどうか、自分を愛してくれるかどうかは関係なく、その人自身のために愛するのです。これは人間同士の関係だけではありません。花をそういう気持ちで愛することで、花の完璧な姿がよりはっきりと見え、優しい気持ちを感じることができます。

七段階の「願い」の実践を始めると、まるでジェットコースターに乗っているみたいに、ルヘンチャクが湧きあがったり収まったりします。本当は愛すべき存在であるはずの人が、いつのまにかそうでなくなったりします。実際、自分の配偶者とか両親などは、無条件に愛する相手ではなかったりします。日に日に愛する人から苦手な人へと移りかわるのです。

愛あふれる優しさの対極にあるのは「憎しみ」や「嫌悪」です。嫌悪感がよくないのは、私たちを他者から遠ざけてしまうからです。人間は孤独であるという錯覚を強めてしまうからです。でも、激しい憎しみの陰には、柔らかいボーディチッタが隠れています。困難に出会うと心を閉ざしてしまうのは、私たちのもろさが原因です。遠い昔の辛い思い出がよみがえると、恐れから心を固くしてしまいます。目に涙が浮かびそうになる瞬間、私たちは心を閉ざし、意地悪なことをしてしまうのです。

友人で死刑囚のジャーヴィス・マスターズが、刑務所仲間のフレディという男の話をしてくれました。フレディは自分のおばあさんが死んだことを聞いてから、おかしくなり始めました。彼はまわりの人たちに泣いているのを見られたくなかったし、自分が苦しんでいることも必死で隠していました。

友人たちは、今にも爆発しそうなフレディを、懸命に慰めようとしました。すると、フレディはひどく暴れ始めたのです。看守たちは銃を構え、彼らにフレディから離れて後ろに下がるようにと命じました。でも、彼らはそうしませんでした。どうしてもフレディを落ち着かせなければと思ったのです。彼らは看守に向かって、フレディは今苦しんでいて助けが必要なのだと大声で叫びました。フレディを抱きしめるようにして取り押さえながら、だれもが泣き出していました。ジャーヴィスは言いました。彼らはフレディに対して、「冷酷な囚人としてではなく、ひとりの人間として」接しようとしたのだ、と。

回これならできると思うものを見つける

思いやりには三つの近い敵があります。「哀れみ」、「無力感」、「欺瞞」の三つです。哀れみや職業上のうわべの暖かさは、本当の思いやりではありません。自分を「助ける側の人間」と考えるということは、相手を無力な人間と見なしているのです。他者の痛みを感じるのではなく、自分自身と相手とを切り離しています。哀れみを受ける立場になってみれば、それがどんなに辛いことかわかります。暖かさや支援ではなく、隔たりを感じます。本当の思いやりとは、上から下に向けて「ほどこす」というものではないのです。

無力感とは、何かに圧倒されているという感じです。あまりの苦しみの多さに、何をやってもどうにもならないと思うことです。そうなるとやる気も出てきません。こんなときに役に立つ方法が二つあります。ひとつは、あまり難しくない課題、これなら自分でもできると思えるものを見つけて、それに取り組むことです。

ある女性がこんな手紙をくれました。「思いやり」の実践のことを知った彼女は、自分の息子のためにやってみようと思いました。彼女の息子は、ヘロイン中毒でした。彼女は息子が苦しみと、苦しみのもとと無縁であってほしいと願っていました。幸福と安心を得られるようにと、心から望んでいました。でも、この「願い」を実践しようとしましたが、とてもできそうにないと感じました。息子のあまりにひどい状況に、圧倒されてしまったのです。そこで今度は、薬物中毒の若者たちの家族のためにトンレンと「願い」の実践をすることにしました。でも、それもうまくいきませんでした。その状況があまりに生々しく、あまりに恐ろしかったからです。

そんなある日、テレビをつけると、彼女の故郷のフットボールチームが、ちょうど試合に負けたところでした。選手の表情はとても悲しげです。そのチームのためにトンレンと「願い」の実践をすると、このときは圧倒されず、うまく思いやりを向けることができました。一度うまくいくと、恐れや無力感がなくなっていきました。それから徐々に薬物中毒の家族へと実践の対象を広げていき、最後には自分の息子のために「願い」の実践ができるようになりました。

やりやすいところから始めるやり方は、不思議な力を持っています。本当に自分が関心を持続できるものを見つけられれば、思いやりはおのずと広がり始めるのです。

無力感を防ぐ二つ目の方法は、とにかく他者に目を向けることです。これはもっと勇気が必要です。だれかの苦しみが引き金となり恐れが生まれると、私たちはすぐに心の中に壁を作ってしまいます。その苦しみに対処できないと感じると、パニックに陥ります。

そんなときは、自分がまだ心を開ける状態にないのだと思ったほうがいい場合もあります。でも、心を閉じたり、抵抗したりしないで、少し勇気を出していつもと違ったことをしたほうがいいときもあります。自分のことばかり考えないで、ほかの人に目を向けるのです。これは、苦痛に対して心を開きつづけているのと同じことです。もし関心をよそへ向けることができないなら、パニックに陥った「背景」を捨て、興奮したり引きこもったりせずに、ただその苦痛のエネルギーだけを感じ取るようにします。でも、どれもできないなら、今の自分の限界を、思いやりを持って見つめましょう。

三つ目の近い敵は、「欺瞞」です。明らかに「だめ」と言わねばならないときに、それをせず、争いを避けたり、親切な人と思われようとすることです。思いやりは、いい人でいようとすることだけではありません。難しい状況に直面したときには、はっきりと境界線を示すことも重要です。必要なときには「ここまで」と言えることが、最も親切なことなのです。自分を蔑む心を正当化するために、仏教の理念を利用しようとする人がたくさんいます。でも、私たちが人々を規制しないのは、心を閉じないようにするためです。人を思いやるという誓いを破らないためにも、相手の強引さを抑え、一線を画すことも学ばねばなりません。心の壁を打ち壊すのに、境界を設けることが唯一の方法である場合もあるのです。

思いやりの遠い敵、つまりその対極にあるものは「冷酷さ」です。私たちは、受け止められる苦しみが限界に達したら、苦痛から自分を守るために冷酷になることがあります。これは、子どものときに虐待を受けていた人によく見られます。無防備で弱い人たちに優しい心を感じるのではなく、逆に傷つけたいと思ってしまうのです。心をかたくなにすることで、自分のもろさや恐れをかばおうとするのです。

このような行為が、他人だけでなく自分をも傷つけていることに気づかない限り、解放されることはありません。黒人解放運動指導者のブッカー・T・ワシントンはこてしまいます。

う言いました。「人を貶《おとし》めてはいけない。それは憎しみを生むだけだ」。その通りです。冷酷さを正当化したり、冷酷であることに気づかないでいると、私たちはだめになってしまいます。

回他人の幸運を素直に喜べない自分に気づく

喜びの近い敵は、「過度の興奮」です。私たちは何かで有頂天になることがありますす。世界の人々の悲しみも忘れるほど気持ちが高揚することを、無上の喜びと勘違いしてしまいます。この状態もまた他者とつながるのではなく、他者から自分を引き離すことになります。本当の喜びというのは、心が異常に高揚して、ハイな気分になることではありません。喜びとは、人生をしっかりと受け止めるところから生まれます。自分やほかの人たちの幸運を喜べるように、しっかり訓練を積みましょう。

喜びの対極にあるのは「ねたみ」です。他人の幸運を喜ぶ実践をしてはじめて、私は自分が嫉妬深い人間であることに気づきました。決して謙遜しているのではありません。他人の成功に敵意を感じてしまう自分を見つけたときには、本当に驚いてしまいました。知人が出版した本が自分のよりたくさん売れたと聞いたとき、とっさにうらやましいと思ってしまったのです。喜びの実践は、他人の幸運を素直に喜べない自分の欠点をあからさまにしますから、私たちはこの訓練をときに避けたがります。でも、だからこそこの訓練は重要なのです。あるがままの自分を受け入れるためには、実践あるのみです。

回敵を喜んで迎え入れる

平静さの近い敵は「無関心」です。特に精神修養の場では、人生の複雑な現実に頓着しなくなることを、平静さと取り違えることがあります。たしかに感情の激しい変化を乗り越えると、開けっぴろげで親しみやすく、心は穏やかで誇りにあふれます。苦悩や当惑や怒りなど、どこかへ吹き飛ばしてしまったと考えます。でも、感情が激しく動くことは、悪いことではありません。これは「戦士」が思いやりを学ぶいい機会なのです。自分と格闘するのをやめるための修練の場となるのです。自分が恐れてやまない場所にとどまることができてはじめて、私たちの平静さは揺るぎないものとなります。

平静さの遠い敵は「偏見」です。私たちは独善的な考えにとらわれ、他人に賛成したり反対したりします。どちらかの側に立とうとするのです。そして心を閉ざします。敵を作ります。こんな対立関係は、平静に思いやろうとする行為を妨げるものです。

りません。

不正義を正し、苦しみを癒したいと願うなら、偏見のない心でかかわっていかねばな

　自分の内面を見つめつづけていると、近い敵や遠い敵がよくわかってきます。私たちの訓練は、こんな敵を喜んで迎えるようなものです。喜ぶ力を伸ばそうと努力すると、自分の中にある嫉妬心や怒りがわかってきます。心を開こうとすると、偏見や無関心がよく見えてきます。「願い」の段階をだんだんと進めていくうちに、このような閉じた心がどんどんはっきりと見えてきます。

　これらの敵は、自分や他者を、欠点も含めて丸ごと受け止めることを教えてくれるすばらしい教師です。私たちのおおらかで寛大な心を信じるのです。やがて、世界の苦しみの中に入っていくための強さを見出せるでしょう。

第14章　新たなる出発

我々はみな「大いなる精神」の子であり、母なる大地とともにある。
地球は今、大きな混乱の中にあるが、いつまでも遺恨を抱き、
ともに手を取り合うことを拒めば、みな死にはてるだろう。
――チーフ・シアトル

回人生を思いやりを持って振り返る

「許し」はボーディチッタの実践に欠くことのできないものです。許すことで、私たちは過去から解放され、新しく出発することができます。

死を間近に控えた私の友人は、チベット人の教師から、自分の人生を率直に思いやりを持って振り返りなさいと言われました。彼女は過去の暗い部分、罪の意識や怒りの感情を思い出しました。そのとき教師は、最も大切なのは自分自身を許すことですと言って、「許し」について話しました。そして、トンレンをするようにと言いました。まず、自分自身をイメージして、人生で後悔していることをできる限り思い起こします。辛い思い出に浸るのではなくて、苦痛のもととなっている様々な感情に触れることが大切です。罪の意識、恥辱、混乱や後悔などといったものです。その感情に名前をつける必要はありません。ただ、いつまでも心の中に残っているものに意識を向けるのです。

次に、できるだけ心を大きく開くようイメージして、この感情を心の中に吸い込み、そして自分への許しを送り出します。それから、同じ苦悩を感じている人たちのことを思い、その人たちの苦しみも一緒に吸い込み、すべての人に許しを送り出します。彼女は、このトンレンには「癒し」の効果があるとわかりました。これにより彼女は、自分が傷つけた人に償《つぐな》いをし、自分を傷つけた人を許すことができたのです。彼女は亡くなる前に、自分の中にあった恥辱と怒りから解放されたのでした。

ガンポ・アビーにトンレンの研修にやってきたある女性は、自分の父親からひどい性的虐待を受けていました。彼女は自分のことを、鳥かごに閉じ込められた小鳥のようだと強く感じていました。「私はかごの鳥みたい」とよく口にしていました。彼女の場合は、自分が小さくて、かごの中にとらわれているという感じを吸い込みました。そして、息を吐き出すときに、かごの扉を開け、中の小鳥たちを全部逃がしてやる、というイメージをしたのです。こんなふうに繰り返していたある日、飛んでいった小鳥の一羽が、男の人の肩に止まるというイメージが出てきました。男の人が振り返ると、それは自分の父親だったのです。彼女は、そのときはじめて自分の父親を許すことができたのでした。

許しとは強制的なものではありません。勇気を持って心を開いたとき、許しの心が自然とあらわれてくるのです。

私たちにも簡単にできる、許しの心を養う実践があります。まず、恥辱とか復讐の念、困惑や後悔など、自分の感じているものをよく見ます。そして、「それが人間なのだ」と自分を許すのです。そして、勇気を出して苦痛にあらがうのをやめ、痛みを手放し、新しく出発しましょう。もう重荷を背負う必要はありません。自分の心を知り、許し、新たに歩き始めるのです。

この実践を重ねるうちに、少しずつですが、自分や他者を傷つけたことへの後悔の念を静かに受け入れられるようになります。自分を許せるようにもなります。やがて、自分を傷つけた人たちを徐々に許せるようになります。そして私たちは、許しとは、開いた心の自然な働きであり、私たちが本来持っている善良さのあらわれだと気づくでしょう。この能力は常に私たちの中にあります。ですから、私たちはいつでも新しい出発をすることができるのです。

第15章　五つの力

心の教えの要約、「五つの力」を実践しなさい。
――アティーシャの精神修養スローガン

回「教え」を生活の中に真に活かすには

「五つの力」というのは、「強い決意」、ボーディチッタの教えと実践の「熟知」、生きとし生けるものすべてが持っている「善良さの種」、「叱責」の実践、そして「願い」の力のことです。この力で、「戦士」は自信を強め、士気を高めることができます。

「強い決意」とは、私たちを他者から切り離してしまう無関心や攻撃性や貪欲さを打破しようと、積極的になるということです。人生のあらゆる出来事を尊重しようと決心することです。「戦士」を目指すものとして、いやなことがあっても、それをただ解消しようとするのではなく、「目覚めの好機」として捉えることを心から決心します。

どうしたら受け入れがたい感情から逃げることなく、受け止められるようになるのか。どうしたら自分と他者とを敵対させるような様々な考えが、自分の中に完全に入りこむ前にうまくつかまえることができるのか。どうしたら変革に欠かせないボーディチッタの暖かさを見つけることができるのか。こうした疑問に対する答えを必ず見つけてやろうと決意するのです。他人との共通点に気づき、心を開く訓練をつづけることを決心するのです。この強固な決意が「力」となります。

「熟知」の力とは、私たちが教えを心に刻み込み、繰り返し繰り返し用いてすっかり慣れ親しんだときに生まれる力です。朝起きてボーディチッタの訓練を始めるとき、素材として用いるものは何でしょう。私たちのふだんの生活です。楽しいことも、不快なことも、あるいは何でもない平凡な出来事も素材にします。

その日、何が起きるかはまったくわかりません。いつ死が訪れるのかわからないのと同じです。何が起きようとも、それを自分の心を目覚めさせるために利用するのです。「すべての活動は、ひとつの意図のもとにおこないなさい」とスローガンにもあります。その意図とは、私たちがすべてのものとつながっていることに気づくことです。

私は最近、郊外にある友人の家のプールへ泳ぎにいきました。ちょうど手紙を一通もらっていたので、友人の家に着いてから車の中で読み始めました。とても率直な手紙でした。手紙には、これこれの場所で私がその人を無視したとありました。私が無視したために混乱が起き、その人を失望させてしまったというのです。その手紙を読んで、すごく苦しい気持ちになりました。このいやな感情から逃げ出したいと思い、私の悪い習慣、「非難」を始めてしまいました。こんなふうになったのは、あの人のせいだ、と。

私は車の中で、この人のせいだと思っている相手に手紙を書き始めました。その人を痛烈に非難する言葉を便箋に書きました。こんなものを書くべきではないことは、十分に知っているはずでした。心の中ではこう思いました。「こんなに難しい実践を人に求めるなんて、私はどうかしてる。この実践は難しすぎる」。私は車から出てプールのそばで座りこんでしまいました。ひどく疲れた感じがして、ボーディチッタの教えのこともすっかり忘れてしまっていました。「戦士」になどなりたくないと思いました。が、その一方で、不快なことから逃げても、自分が不幸になるだけだ、ということもよくわかっていました。本当です。これについては、よくわかっていたのです。

私はすぐに、いろんな考えや感情よりも、私自身はもっと大きいのだ、と考えようとしました。そして、自分や他人についての考えを吟味してみました。でも、何も変わりませんでした。

それで、仕方なくプールに入り、泳ぎ始めました。行ったり来たり、六回も往復したでしょうか。そのあと私はプールサイドに寄りかかり、泣き出してしまいました。苦しみに負けてしまったのです。

そのとき、別に私が特別な訓練をしていたからではなく、ただ心の「柔らかい所」を見つけるのに慣れていたからですが、どこからともなく大きな共感の心があふれてきて、私の心を満たしました。この瞬間に、私は世界中の仲間たちと深くつながることができたのです。

プールのそばでしたことといえば、とにかくこの現実にとどまることでした。教えを思い出したり、実践を試みたりもしましたが、何をしたかは問題ではありません。このようなときの定石というものはないのです。このいやな状況を受け入れようという意志を持ったとき、何かが変わったのです。そして、思いやりがあふれてきたのです。

いつもこんなふうにうまくいくとは限りません。悲しみや苦しみとともにとどまったからといって、必ずしもすぐにいい結果が出るわけでもありません。でも、こうしたことを繰り返すことで心が軽くなり、勇気が湧いてきます。時間をかけて教えやボーディチッタの実践を熟知すれば、苦悩を受け入れ、人類みな同じと思えるようになります。こうして、自分たちの生活の中に「教え」を真に活かせるようになるのです。

回「善良さの種」に水をやろう

「戦士」の士気を高めるもととなる三番目のものは、「善良さの種」です。心が十分に開き優しさがあふれるのは、善い種、ボーディチッタの種によるものです。私たちにもともと備わっている善良さを思い出すたびに、自信が一層深まります。私たちの心の「柔らかい所」につながるからです。善良さの種は、私たちの生活のそこここで見つけることができます。自分の喜んだり、思いやったりする能力を発見すれば、たとえそれがつかの間のものであっても、自信を高めることができます。自分がどうやって心を閉ざすのかがわかれば、自分への思いやりと、もうこんなことはしないでおこうという気持ちが生まれます。

ですから、私たちはその種に水をやらねばなりません。幸福なときも、悲しいときも、他者のことを思って水をやりましょう。世界中のあらゆる存在と一体であることを認識しながら、水をやるのです。自分が出会った人やものに対する態度が、好意的だったのか否定的だったのかを考えながら、水をやるのです。穏やかで素直な心で水をやりましょう。そして、こう尋ねられるようになりましょう。「この喜びや苦しみを、どうすれば改革の手段にできるだろうか」。そして、困ったときも優しい心でいられるように、訓練するのです。

◎エゴに話しかけてみよう

四番目の力は「叱責」です。叱責は、自分をあるがままに受け入れる心がないと裏目に出たりしますから、注意が必要です。でも、愛あふれる優しさがあれば、それは習慣的な悪癖から私たちを抜け出させてくれます。自分に対する叱責で最も穏やかなのは、「前にこんなことしなかった?」です。その場から逃げようとする自分には、「いつもこんなふうにするの?」と注意します。

トゥルンパ・リンポチェは生徒たちに、変わり者の戦士になりなさい、自分のエゴと戦いなさいと言っていました。シャワーを浴びるときは、ラジオを聞いたり鼻歌を歌ったりするかわりに、自分のエゴに話しかけなさいと教えました。「エゴ君、あんたはいつも僕にいい問題を出してくれた。おかげですごく賢くなった。だから、もう一日たりとてあんたの指図は受けないよ」

パトラル・リンポチェが、ゲシェ・ベンという僧についておもしろい話をしてくれました。エゴを叱るのは彼にとって大切な実践でした。彼は間違いを犯す自分を見つけるのがとても上手でした。ある日、支援者たちがゲシェ・ベンを食事に招待しました。食事が終わって、彼は大きな粉袋の置いてある部屋にひとり残されました。そして何の考えもなしに、粉袋に自分のカップを入れ、旅のためにと粉を取り出そうとしました。彼は袋に手を入れたまま、「ベン、何をやっているんだ！　どろぼうだ、どろぼうだ！」と大声で叫びました。叫び声を聞いてあわててやってきた支援者たちは、ベンが手を袋の中に入れて、「捕まえたぞ、捕まえたぞ。どろぼうの現行犯だ！」と叫んでいるのを見ました。これが「叱責」の心です。ユーモアがあると、なおいいのです。

次にゲシェ・ベンが食事に招かれたときは、ほかの僧たちも一緒でした。おいしい食べ物がたくさんありましたが、彼はとりわけヨーグルトが好きでした。でも彼はテーブルの一番端に座っていました。そのうち、ヨーグルトが足りなくなったらどうしよう、と心配になってきました。給仕人がヨーグルトをすくうたびに心配そうに眺め、めいめいがもらうヨーグルトの量に一喜一憂していました。そんな自分に気づき、彼は突然、「ベン、何てことをしているんだ！」と叫びました。ようやく自分の番になったとき、彼は器を手でふさぎ、「だめだ、だめだ。こいつはヨーグルト中毒だ。ヨーグルトをやってはいけない」と言いました。

叱責で大切なのは、ふだんのやり方で間違いを犯そうとする自分を見つけたら、それをやめることができるという自尊心を十分に培うことです。自分の悪いところを罰するのではありません。何が苦しみをもたらし、何が幸福をもたらすかを見分けられるようになりましょう。そうすれば、自分を許せるようになります。

回自分と同じ立場にいる人のことを思う

五番目の力は「願い」から来るものです。まだ行動には移せないと感じるかもしれませんが、たとえどんなに苦しい立場にあっても、何かできることはあるはずです。ボーディチッタの心が湧きあがるように、神経症的な状態から自分が解放され、人の助けとなれますようにと願いましょう。「戦士」としての力と、愛する力が見つかるようにと願いましょう。

ある生徒が、朝早く、通りでけたたましく叫ぶ女性の声を聞いた話をしてくれました。そのとき彼は都市の道場に住んでいました。ほかの人たちは起きてすぐ彼女を助けに行きました。でも、彼は叫び声を聞いたとき、その女性に対していやな気持ちになったのです。彼女の立場に立って「願う」ことすら思いつきませんでした。彼女の苦痛を感じることができなかったのです。

自分がそんなに無防備で弱い状況に立たされることを想像するのは、とても恐ろしいことでした。「自分は彼女よりずっと情けない」と感じました。そこで彼は、役に立ちたいと願いながら、そうできない自分のような人たちのことを思いました。そして、自分も含めすべての人が恐れにうまく対処し、心の壁を取り払うことができますようにと心から願いました。

さて、以上が、ボーディチッタを目覚めさせる助けとなってくれる五つの力です。「**強い決意**」を培い、人生にどんなことが起きようとも、どんなに苦しい感情が起きようとも、常に心を開いてかかわっていきましょう。

正式な訓練や生活の場での実践を重ねることで、ボーディチッタの教えを「**熟知**」しましょう。

うれしいときも悲しいときも、「**善良さの種**」に水をやり、自信を育てましょう。

自分や他者を傷つけることのないように、優しい心とユーモアを持って自分を「**叱**

責」しましょう。

すべての人の苦しみと苦しみのもとが減り、知恵と思いやりが増すようにという「**願い**」を習慣づけましょう。優しい心と偏りのない精神を常に養う習慣をつけましょう。

第16章　三つの怠惰

穏やかな庭でまどろむあなたに
目覚めのココナッツが降り注ぎますように。
——チョギャム・トゥルンパ・リンポチェ

回人は怠惰により、生きている実感をなくす

怠惰は人間ならだれにでもある特性です。残念なことに、怠惰は目覚めようとするエネルギーの妨げとなり、自信や力を失わせてしまいます。怠惰には三種類あります。「快適さばかり求めること」、「途方に暮れること」、「投げやりになること」です。この三つの怠惰のせいで、私たちは習慣的なやり方から抜け出せなくなります。でも、そうした態度を興味深く見つめることで、その力をなくすことができます。

一番目の「快適さばかり求めること」は、不便さをなくそうとする私たちの性癖に基づきます。私たちは休みたい、一服したいと思います。でも、自分を甘やかしてばかりいると、どうしようもない怠け者になります。雨が降ったら、濡れるのがいやさに、ほんのちょっとの距離でも車を使います。少しでも暑いと思ったらすぐに冷房を入れますし、寒いと思ったら暖房を入れます。このようにして、私たちは生きていることの実感をなくしていきます。すぐに「サイコー」にならないと気が済まず、すぐに結果が出ないとだめになるのです。

この種の怠惰に陥ると攻撃的になります。ちょっとでも不便だと、すぐに腹を立てます。車が動かない、水道が出ない、電気がつかない、冷たい地面に敷物もなしで座らされた。そんなとき激怒するのです。快適さばかりを求めていると、生活の中の匂いや音や風景に対して鈍感になっていきます。何となく満足できません。快適な生活は永遠の幸福にはつながらないということが、自分でもわかっているのです。

二番目は、「途方に暮れること」です。私たちはすぐに絶望したり、自分を哀れんだりします。自分だって裕福ではないのに、他人のことなどにかまっていられないと思ったりします。テレビの前に座って、食べたり飲んだり、煙草を吸ったり、ぼんやりと番組に見入っています。途方にくれている心に、風穴を開けることもできないのです。

たとえ元気を出して心の窓を開けても、なんだか少し恥ずかしい感じがします。いかにも怠惰を打ち破るように見えますが、心の中には絶望感を持ったままなのです。元気いっぱいのそぶりをしていても、心は途方に暮れています。「私は最悪だ。希望なんてない。何もちゃんとやれない」と思っているのです。これでは、心が休まることなどありません。どうしていいのかわからなくなっています。心の平安をもたらしてくれるものが何か、わからなくなっています。

三番目は「投げやりになること」ですが、特徴は怒りっぽいことです。他人のことなどくそ食らえと思っています。「途方に暮れている」状態に似ていますが、もっとひどいです。「途方に暮れている」人は、まだ穏やかで傷つきやすいところがあります。「投げやり」のほうは、もっと攻撃的で挑戦的です。「世の中はめちゃくちゃだ。だれも自分の価値を認めてくれない。どうにでもなってしまえ」と、酒場でひねもす飲んだくれ、だれかが話しかけようものなら、けんかになってしまいます。

あるいは、カーテンを閉めて、頭から布団をかぶって寝てしまいます。だれかが元気づけようものなら、大変です。ばかにされたと感じてのたうち回ります。出口を見つけようともしません。ただその場に座りこみ、憂うつで心を重くするばかりです。

そうやって世の中に仕返ししているのです。やがて無力感にとらわれ、激しく落ち込んでしまいます。

◎怠惰に逃げ込まないための作戦

怠惰な自分に対して人間が取る態度には、三つあります。私はこれを「三つのむなしい作戦」と呼びます。それは、「非難すること」、「甘やかすこと」、「無視すること」です。

特によくおこなわれているのは、「非難」です。怠惰な自分を責めるのです。快適さばかりを求めたり、自分を哀れんだり、寝床から出てこようとしない自分を恥じ、痛烈にこきおろします。そして、罪悪感にもがき苦しみます。

「甘やかし」も、よくある態度です。自分の怠惰を正当化し、ときには褒めたたえたりもします。「これが自分のやり方なんだ。不快さや不便さなんて私には向かない。こうやって怒るのも、一日中眠てばかりいるのも、ちゃんとした理由があるんだから」。自己不信にとらわれ、何か違うと感じながらも、自分の振る舞いを許してしまうのです。

「無視」は、少なくともしばらくは非常に効果があります。でも、ぼんやりとしているうちに、やがて何も感じなくなります。こういう人は、自分の正体を絶対に見ようとしません。自分のしていることをしっかりと見もしないで、ただ流されていくのです。

「戦士」の精神修養の実践には、四番目の選択肢があります。「賢明な作戦」というものです。怠惰に逃げ込まず、自分がいやだと感じているものを十分に経験するという作戦です。すると、怠惰について好奇心が湧いてきます。ボーディチッタの訓練は、いやなものにあらがうことなく、自分に本来ある優しさや、何ものにもとらわれない心に触れる実践です。自分へのこだわりをなくし、知恵と思いやりが増すように、というはっきりとした意図を持って実践するのです。

人間は自分の怠惰やその他の悪癖を吟味したがらない、ということを認識するのは重要です。むしろ甘やかし、無視し、非難したがる、つまり「三つのむなしい作戦」をつづけたがります。そのほうが安心できるからです。快適さの中に逃げ込んだり、途方に暮れていつまでもうじうじしたり、「どうにでもなれ」とあきらめて、不平たらたらで生きつづけようとしたがるのです。

でも、いつか、「なぜ苦しいのだろう。なぜいつもこんなに暗い気分なんだろう。なぜ不満や退屈が年々つのっていくのだろう」と、疑問を持ち始めるようになるかもしれません。

そのときが訓練を始めるときなのかもしれません。「戦士」の思いやりを実践してみる準備ができたときかもしれません。「心を開き、優しさとともにとどまれ」という教えの意味が、本当に理解できるときかもしれません。

自分の怠惰に目を向け、どんなものかじかに経験してみましょう。自分の心の中にある不便さに対する恐れ、羞恥、憤慨、無気力がわかり、ほかの人もまたこのように感じるだろうということが理解できるようになります。自分には、今まで何と言い聞かせてきたのでしょう。それらがどれだけ自分の体を緊張させてきたでしょうか。実践をつづけていると、自分にそれまで言い聞かせてきたことなど、金輪際信じる必要がないことがわかります。私たちがトンレンや座禅、その他のボーディチッタの実践をするのは、感情の持つエネルギーそのものを感じ取るためです。やがて何か優しいものが感じられ、すべての人が自分と同じ困難にぶつかり、みんなが自由になれることに気づきます。

怠惰というのは、とりわけ恐ろしいものでも、すばらしいものでもありません。むしろ、生活に深く根ざしたものですから、ありのままに見つめてみるといいでしょう。怠惰は、何かいらいらするものかもしれません。重苦しさとか、辛さを感じるかもしれません。どんなふうに感じようとも、よくよく調べれば、それはたいしてこだわる必要もない、漠然としたもので、しかしそこには人を目覚めさせるようなエネルギーが見つかるでしょう。

怠惰を心でじかに感じ取ると、人が変わります。逃げようとすることによって妨げられていた、莫大なエネルギーがあふれてきます。それは、怠惰にあらがうのをやめたとき、自分は怠け者であるという私たちの思い込みが、完全に砕けてしまうからです。エゴの目隠しを取り払えば、新しい視野が開け、大きな展望を得ることができます。このように、怠惰もその他のどんな悪癖も、私たちを思いやりのある人生へと導いてくれるのです。

第17章　戦士のおこない

仏教徒は古くからボーディチッタを心に生じさせ
ボーディサットヴァとなっていったように、
私もまた、この世に存在するもののためにボーディチッタを目覚めさせ
ボーディサットヴァの訓練をしていこう。
——シャンティデーヴァ

回六つの思いやりある生き方

世間とのかかわりを断ち、自分のことだけを考えていればそれで満足という人はほとんどいないと思います。私たちは訓練することで人の役に立ちたいと思います。「戦士」、つまり「菩薩」（ボーディサットヴァ＝悟りを求める者）は、自分だけでな

く、すべての存在が幸福になるために、目覚めようと心に誓います。「菩薩」がすべきおこないは、古くから六つあります。つまり、六つの思いやりのある生き方です。「寛容（布施《ふせ》）」、「規律（持戒《じかい》）」、「忍耐（忍辱《にんにく》）」、「熱意（精進《しょうじん》）」、「瞑想（禅定《ぜんじょう》）」、そして、限りない知恵、つまり「智慧《ちえ》」です。古くからこれらは「六つのパーラミター（六波羅密《ろっぱらみつ》）」と呼ばれています。パーラミターは、サンスクリット語で「彼岸へ行くこと」という意味です。それぞれのパーラミターは、私たちを嫌悪や愛着のないところ、自分へのこだわりや私たちを孤立させる錯覚のないところへ連れていってくれます。それぞれのパーラミターは、私たちがとらわれを手放すときに感じる恐れを乗り越えさせてくれるのです。

パーラミターの訓練をすることで、私たちは「確かなものは何もない」ということが快適に感じられるようになります。「彼岸へ行く」ということは、とらわれのない特性を持つ、つまり「中間にある」、「中立的な立場にある」という感覚を伴います。私たちは、こちら側、つまり「此岸」で善悪の概念にもがき、常に変化してやまないものを、しっかりとしたものと思い込もうとしてあくせくしています。ここから筏《いかだ》に乗り込み、川を渡りながら、エゴにとらわれた狭い心や、あれかこれかの二元論的な考えのない彼岸へと旅するのです。パーラミターとは、こんなイメージです。

こんな光景を想像してみてください。川岸も見えない川の真ん中で、筏が壊れそうになっています。つかまるものは何もありません。普通なら恐ろしい状況です。でも少し見方を変えてみれば、何もつかまるものがないというのは、自由だということです。「自分は沈まない」と信じてもいいのです。何ものにもとらわれないということは、この絶えず変化してやまない世界で、気楽にしていられるということです。

「智慧」は、この訓練の要となるものです。智慧、あるいは無条件のボーディチッタなしでは、ほかの五つのおこないは意味をなくしてしまいます。智慧の根本は、物事をしっかりと見ることです。自分の経験にあくなき興味を持つことです。決定的な解決法を見つけようなどと考えずに、いろんなことに疑問を投げかけることです。何事にも常に興味津々で、偏った狭い考えに満足しない心を培うのです。

それは朝早くベッドの中で、屋根に落ちる雨の音を聞いているのに似ています。その日ピクニックに行く予定だったら、その音は残念に聞こえます。庭がとても乾燥しているなら、心地よく聞こえます。でも、「智慧」に満ちた自在な心は、良い悪いと決めつけることはしません。うれしいとか悲しいとかの判断を付け加えることなく、雨の音は雨の音として聞くのです。

「布施」や「持戒」、「忍辱」、「精進」、「禅定」を実践するには、何ものにもとらわれない「智慧」が不可欠です。そして、狭い心を、恐れのない自在な心へと変えていくのです。

◎私たちは何にしがみついているのか

「布施《ふせ》」で大切なのは、手放すということです。苦痛というのは、私たちが何かに――たいがいは自分自身にですが――しがみついていることから生まれます。自分を不幸だ、無力だと感じるとき、私たちはケチになります。何かにこだわり、それをしっかりつかんで離しません。布施とは、つかんで離さない手をゆるめることです。お金でも花でも励ましの一言でも、あげることができるものなら何でも差し出すことで、手放す訓練をします。鈴木老師はこうおっしゃっています。「与えることは執着を捨てることであり、何ものにも執着しないから与えることができるのである」

布施を実践する方法はたくさんあります。大切なのは与えることではなくて、しっかりと握った手を開くことです。昔からおこなわれている実践では、単に自分が大切にしているものを一方の手から他方の手へ渡します。知人の女性は自分の大切なものは何でも、人にプレゼントすることにしています。ある男性は、父親が亡くなってから六か月間、毎日、通りで物乞いをする人にお金をあげていました。彼なりの悲しみの癒し方でした。また、一番なくしたくないものを人にあげることをイメージする訓練をした女性もいます。

ある若いカップルは、物乞いの人に対する複雑な気持ちに対処するため、毎朝、最初に物乞いに来た人にお金をあげることにしました。二人はホームレスの人たちに感じる当惑を真面目に解決しようとしていたのですが、二人には、寛大な人間になって気高いおこないをし、残りの一日を自分たちの矛盾した気持ちを忘れて過ごしたい、という思いもありました。

ある朝、女の人の方が店に入ろうとすると、酔っ払いがお金をせびりにきました。その日最初の物乞いだったのですが、いかにもいやらしい感じだったので、何もあげたくないと思いました。店から出てきたとき、彼女はそそくさと紙幣を一枚だけあげて、立ち去ろうとしました。車のほうへ歩いていくと、「おーい、奥さん」と呼ぶ声がします。振り返ってみると、さっきの酔っ払いでした。「なんかの間違いでしょう！　五ドルもあるよ」

「与える」という実践は、私たちが何から逃げたいと思っているのか、何にしがみついているかを教えてくれます。どんなによく練った計画でも、実生活では粉々に砕かれます。布施をすることで、「真に手放す」とはどういうことなのかが明らかになっできます。そして、私たちの型にはまったものの見方が変わり始めるのです。

回善悪に対して、より寛容になれる

これらのパーラミターを厳しい倫理体系、規則の集大成と見ることは簡単です。でも、「戦士」や「菩薩」の世界は、そんな単純なものではありません。パーラミターは、「命令」ではないのです。私たちの習慣的な態度に対して、「それでいいのか」と問うてくるものなのです。

六つのパーラミターのうち、「持戒《じかい》」は特にそうです。「持戒」は苦しみを緩和する行為です。「戦士」は、殺すこと、ひどい言葉、盗み、性的な不品行などの行為は慎まねばなりません。でも、これは絶対的なものではありません。心と精神を開こうとすること、これが大切なのです。高慢な態度、あるいは怒りながら、どんなよいおこないをしても、攻撃的な雰囲気が増すだけです。

パーラミターは、私たちを謙虚で正直にする道です。「布施」を実践すれば、自分の貪欲さがよくわかります。だれにも危害を与えないという「持戒」を実践すれば、自分がいかに頑固で独善的かわかります。私たちが様々な思いやりの行為を実践するとき、自在な心、「智慧」は必須のものです。こうすべきだとか、すべきでないという判断をすることなく物事を見るのです。

パーラミターに頼るあまり、その通りにしないからといって非難すべきではありません。部屋の真ん中に線を引き、そこにいる人に、「これから徳のある人とない人を分けますから、自分がどちらか選びなさい」と言ったとします。自分が徳のある側を選んだからといって、その人は本当に自由を得たことになるのでしょうか。もっと傲慢になり、うぬぼれるだけです。「菩薩」は、どろぼうや娼婦や殺人者の中にこそ見つかるのです。

船長コンパッショネイト・ハート（「優しい心」の意）の古い仏教説話があります。彼は五百人の人を乗せて旅をしていましたが、海賊アングリー・スピアマン（「怒った槍師」の意）が乗り込んできて、皆殺しにするぞと人々を脅しました。船長は、そんなことをしたら、この海賊は大きな苦悩を抱えることになると思いました。乗客だけでなく、その海賊のことを深く思いやり、船長はアングリー・スピアマンを殺してしまいました。同じように、私たちはだれかを危害から守るために、嘘をつかなければならないときもあるのです。

本来、おこないに正しいも正しくないもありません。「戦士」は、うまくやる方法は状況次第で変わるということを知りながら、災いのもとを作らないという「持戒」

の訓練をします。自在な心で「持戒」を実践すれば、善悪に対して、より寛容になっていきます。

回忍耐強くあろうとすると動揺する自分が見える

「忍辱《にんにく》」の訓練をすれば、まず、自分自身に対して忍耐強くなります。私たちは、怒りとか退屈、興奮といったものの、絶えず変化してやまないエネルギーに対して、ゆったり構えることを学びます。忍耐には勇気が必要ですが、これは決して落ち着いた状態ではありません。実際、忍耐強くあろうとすると、動揺する自分がさらにはっきりと見えてきます。

ある男性が毎朝の通勤時に「忍辱」の訓練をすることにしました。実にうまくやっていると自分ながらに感心していました。自分の車の前に割り込まれても我慢しました。警笛を鳴らされても我慢しました。交通渋滞が激しく、遅刻するかもしれないと心配になったときも、あせる心のエネルギーを、ゆったりと受け止めることができました。

あるとき、女の人が道を渡っていたので、車を止めねばなりませんでした。彼女はゆっくりと歩いています。男性は車の中で「忍耐」の実践を始めました。何も考えないようにして、自分のあせる気持ちをしっかりと受け止めました。ところが、突然その女性が彼のほうに向き直り、車を蹴飛ばして怒鳴り始めたのです。彼はまったく冷静さを失い、彼女に叫び返しました。とっさに彼は、「忍耐強くあろうとすると、自分の怒りがよりはっきりとわかる」という言葉を思い出しました。彼は、その女性と自分のために息を吸い込みました。二人の見知らぬ者同士がお互いに怒鳴りあっている——。そのばからしさに気づいたとき、優しい気持ちが湧いてきました。

パーラミターの実践は、勢い込んで取り組んでもうまくいきません。正しくおこなおうとか、間違ったらどうしようという気持ちを捨てたとき、うまくいっても失敗しても、自然に受け入れればいいことがわかるのです。どちらの場合も、こだわりをもつ必要はありません。こうして、私たちはだんだんと彼岸へと向かうのです。

回三つの「騒がない」態度

「精進《しょうじん》」は喜びにつながります。この実践は、歩き始めた幼い子どもと同じで、ゴールがないのに熱心に取り組むものです。喜びに満ちたエネルギーが、自然に生まれてきます。このエネルギーのおかげで私たちは、物事をあるがままに眺めたり、あるがままの自分を受け入れる訓練、心の壁を取り除く訓練をつづけることができます。

何ものにもとらわれずにくつろぐことを学ぶとき、私たちは「精進」しているのです。私たちが実践するのは「三輪清浄《さんりんしょうじょう》」と呼ばれるものです。つまり、「行為者」に騒がず、「行為」に騒がず、「結果」に騒がない、という三つの清廉な態度を養います。だれにも期待せず、野心を持たず、何の実現も希望しないからこそ、この努力には喜びが満ちるのです。ただ一歩一歩歩んで、たとえ転んでもあきらめません。自分に満足することなく、自分を非難することもなく、また批判を恐れたり、賞賛を期待することなく、ただ前に進んでいくのです。

実践をつづけていれば、どうしたら行き詰まった状態から目覚めへと飛び越えられるかがわかってきます。長い間避けつづけていた気持ちを、どれだけよく見つめようとするかは、自分の意志次第です。恐れを感じるものに対して心を開こうとする意志さえあれば、いやなことを避けようとする私たちの性癖は弱まっていきます。こうして、エゴにとらわれている私たちの心に風穴が開き、エゴが消えていくのです。「三輪清浄」はまた瞑想の根本でもあります。瞑想しようと座るときは、完璧な瞑想者とか、理想的な瞑想とか、瞑想による好結果という考えを捨て去ります。ただ、そこにあろうとするのです。人生の喜びや苦しみに対して、完全に自分を開け放つのです。確かさ、穏やかさ、手放すことを養います。思いやりを持って自分の考えや感情を見つめるからこそ、自分と争うのをやめられるのです。
どんなときにとらわれるのか気づき、必ずそれを手放すことができると信じましょう。こうすることで、私たちの性癖や偏見で作りあげられた障害物は粉々に砕け始めます。そして、私たちの中からボーディチッタの知恵があふれてくるのです。
「戦士」の六つのおこないをまとめてみましょう。

布施　与えることで手放すことを学びます。
持戒　勇気と自在さを備えたやり方で他者に災いをもたらさないよう訓練します。
忍辱　私たちの絶えず変化してやまないエネルギーを受け止め、物事が自然に進むのを見守ります。目覚めるのに気の遠くなるほどの時間がかかっても、達成を望むことなく、過程を楽しみながら休まず実践します。
精進　完璧主義をやめ、瞬間瞬間を大切にします。
禅定　穏やかに的確に「今ここにある」という瞬間に立ち戻る訓練です。
智慧　探求心に満ちた、開かれた心を培います。

「戦士」のこの六つのおこないによって、私たちは彼岸への渡り方を学び、すべての人とともに歩むことができるように最善を尽くすのです。

第18章　何ものにもとらわれない

毎日の実践は、あらゆる状況や感情、すべての人に対して、
完全に心を開けるようにするためにおこなう。
判断したり、毛嫌いしたりせず、ありのままに受け止めるのだ。
そうすれば、自分のことばかり考えることもなくなる。
——ディルゴ・ケンツェ・リンポチェ

回**「形あるものは空である。空であるものにも形がある」**

あるとき、仏陀は生徒たちを鷲峰山《じゅぶせん》に呼び集めました。そこで、私たちが何ものにもとらわれない、大きく開かれた存在であるというすばらしい教えを示しました。シュンヤータ（空《くう》）、無条件のボーディチッタ、あるいは「智慧」のパーラミターとして知られている教えです。

仏陀は、拠り所となるものは何もないことについてはすでに話していましたから、鷲峰山に集まった生徒たちは、自分も含めてすべてのものは不確かだという、「無常無我」の真理については深く理解していました。この世の苦しみが貪欲さと執着から生まれることも知っていました。生徒たちは仏陀自身からこのことを学び、その教えの奥深さを瞑想の中で体験しました。でも仏陀は、何かしっかりと寄りかかるものがほしいという私たちの思いが根深いこともわかっていました。エゴは、物事には実体がないとか、変化するなどという信念までも、「救い」として利用したがるのです。

そこで、仏陀は生徒たちを驚かすようなことをしました。「智慧」の教えによって完全に生徒たちの足をすくい、拠り所のない状態へと導きました。彼は、自分たちの信じているものはすべて手放せ、現実についてのどのようなことも、それを信じることは罠に落ちることだと告げました。それは生徒たちにとって、気持ちのいい言葉ではありませんでした。

このことは、神智学者によって救世主の権化とされたクリシュナムルティの話を思い出させます。長老たちはいつもほかの生徒たちに、彼の教えは実に感動的ですばらしく、いろんな信念が根底から揺るがされるほどだと言っていました。やがて長老たちにとって思いがけない方法で、このことは真実となりました。クリシュナムルティが「星の教団」の指導者となったとき、彼は「すべての社会はひとつになろう」と呼びかけ、やがて教団を解散してしまいました。教団があまりに大きな拠り所となってしまったのがよろしくない、というのがその理由でした。

鷲峰山の出来事は、仏陀の弟子たちにとって、そのようなものでした。万物の真相についての既存の概念は、すべて拭い去られてしまいました。仏陀がその日、本当に言いたかったことは、何事もしっかりつかんで離さずにいると、知恵の妨げとなるということだったのです。どんな結論も手放さねばなりません。ボーディチッタの教えを完全に理解し、完全に実践する方法はただひとつ、大いなる「智慧」とともにあって、何かにしがみつこうとする自分の性癖を忍耐強く解消していくことです。

「般若心経《はんにゃしんぎょう》」として知られるこの教えが話されている間、仏陀は一言も言葉を発しませんでした。彼は深い瞑想の中にあり、憐れみ深い菩薩であるアボロキテシュバーラが話しました。観世音菩薩《かんぜおんぼさつ》としても知られているこの勇敢な戦士は、仏陀に代わって「智慧」に関する自分の体験を伝えました。彼の洞察は知識ではなく、経験から来るものでした。彼にははっきりとすべてのものが「空《くう》」であると見えていたのです。そのとき、仏陀の主要な弟子、舎利子《しゃりし》（シャーリプトラ）という比丘《びく》が、観世音菩薩に質問を始めました。ここは大切なところです。仏陀の深い教えを偉大な菩薩が話すのですが、すべて問答の形をとっています。悦に入って、とうとう述べられるのではありません。

舎利子は私たち生徒の役割をはたしています。彼は聞いたことを鵜呑みにしたくないのです。自分で真実を知りたいのです。それで観世音菩薩にこう尋ねました。「私は、どうやって智慧に満ちたおこないをしていけばいいのでしょう。実践の要となるものは何でしょうか。どのように考えればよいのでしょうか」

観世音菩薩は、仏教の最も有名なパラドックスで答えました。「形あるものは空《くう》である。空であるものにも形がある。空とは形にほかならず、形あるものとは空にほかならない」。はじめてこの教えを聞いたとき、私にはさっぱりわかりませんでした。頭の中が完全に真っ白になりました。観世音菩薩の説明は、智慧そのものがそうであるように、一言ではとても言いあらわせないし、概念のつかみにくいものです。形というものは、私たちがいろいろな考えを付与する前にすでに存在します。「智慧」とは完全に新しい捉え方、何事も可能にする束縛されない心を示しているのです。

「智慧」はすべての存在に備わっている、開かれた目、開かれた耳、開かれた心をあらわします。ティク・ナット・ハンは、この言葉を「理解すること」と訳しました。

それは、流動的な過程のことであって、要約したり判断したりできるような、はっきりとした形を持ったものではありません。

「智慧」が言葉で表現しにくいのは、私たちの経験のことを言っているからです。特に平穏な心とか混乱した心をあらわすわけではありません。いろんなことに疑問を感じ、何ものにもとらわれない基本的な知性のことです。それは好奇心という形としてあらわれたり、困惑、ショック、リラックスなどの形であらわれたりもしますが、その形は問題ではないのです。私たちは、心が何かにとらわれてしまったときも、とても気分のよいときも訓練するのです。

トゥルンパ・リンポチェが言うように、「ばかに見えることを恐れずに」訓練しましょう。自分自身とじかにかかわるようにしましょう。哲学とか道徳とか審判は必要ありません。心に浮かんだことなら何でも私たちの役に立ちます。

ですから、観世音菩薩が「形あるものは空である」と言ったとき、自分の経験とシンプルで密接な関係を結ぶようにと示唆したのです。血や汗や花と、また愛だけでなく憎しみともじかに結びつきなさいということです。

まず、先入観を払拭します。そして、「先入観なしで物事を見なければならない」という信念すら放棄するのです。こうして、何の拠り所も持たないことを自分に課しつづけます。私たちが、形あるものをベールで覆ったり、何かの観念を付与したりせず、「空《くう》」であることを認めるなら、物事をありのままの完全な姿で理解できます。これはたまらない経験です。この経験によって私たちは、乱雑な日常生活に常に伴う、わけのわからない感情や幻想から解放された自由な気分を味わえます。

でも、「空であるものにも形がある」は逆の言葉です。「空」とは、戦争と平和、悲しみ、誕生や老齢、病気、死、または喜びとして示されます。生きるということは、いつも心がかき乱されることです。だからこそ、四つの限りない特性とトンレンの実践をするのです。そうすることで、何の曇りもない開かれた心で、活気ある人生と十分にかかわることができます。物事は考えようで良くも悪くもなります。付け加えるものは何もないのです。

回「仏陀の教えであってもとらわれるな」

さて、仏陀と対話していると思ってください。仏陀に、「現実とはどのようなものか」と尋ねられて、私たちは「自分とは別のところにあって、確固たるものです」と答えます。仏陀は「いや、もっと深く見よ」と言います。

それで私たちはそこを去って瞑想し、この質問を深く熟考します。仏陀のところに戻り、「答えがわかりました。何ものも確固たるものはなく、すべては空です」と答えます。仏陀は、「いや。深く見よ」と言います。「できません。物事はどちらか一方です。空であるか、空でないか、そうではありませんか」と私たちが言うと、仏陀は「いや」と言います。相手が単なる上司なら、もういいやと思うかもしれません。でも仏陀ですから、「もう少しここに踏みとどまらねば。いらつくけれども、もっとよく考えてみよう」と思います。

それでまた瞑想し、この質問について考えます。友人と討論します。次に仏陀に会ったとき、私たちはこう言います。「今度こそわかりました。何ものも空であって、同時に空ではありません」。彼は「いや」と答えます。私たちはまったく心もとなくて、困ってしまいます。自分の足元に確固たる地面がないというのは非常に不快です。

でも、私たちはどのようにしてここまで来たでしょうか。たとえいらつき不安になっても、何ものにもとらわれない心をよく見ようとしています。仏陀の返事が「いや」である限り、私たちは家に戻り、次の年までまたこの謎を解明しようと努力するのです。まるで禅の公案のようなものです。

ついに私たちは仏陀にこう言います。「わかりました。もうこの答えしかありません。現実の実相は、存在するでもなければ存在しないでもありません。形でも空でもありません」。私たちは、やったーと思います。なんととらわれのない美しい答えでしょう。ところが、仏陀はこう言います。「いや、それは実に狭い考えだ」。ここまで来てまだ「いや」ですから、私たちは大きなショックを受けます。でも、それが偉大なる「智慧」の大きく開かれた心、拠り所もないのに満足できる心を経験できる瞬間なのです。

観世音菩薩は、舎利子に「形あるものは空である。空もまた形がある」と言ったあとで、何ものにも、たとえ仏陀の教えであってもとらわれるな、と指摘しました。生、老、死といった、存在するものが備える三つの特徴にも、苦しみにも、苦しみの終わりにも、とらわれているとか、解放されているとかにも、一切とらわれるなと教えたのです。この教えを聞いた多くの生徒たちは、驚きのあまり心臓麻痺を起こしたとあります。チベットの教師の説はもっとまともで、生徒たちは立ちあがり、その場を去ったとされています。クリシュナムルティの神智学者たちと同じで、彼らはそんな教えは聞きたくなかったのです。私たちもそうです。根本的な考えは覆されたくはないのです。それは恐ろしすぎます。

この教えが観世音菩薩ひとりから来たものなら、生徒たちは冷静でいられたでしょう。「観世音菩薩は修行中の戦士に過ぎない。自分たちとそんなに変わらないんだ。

たしかにとても賢いし思いやりも深いが、彼は考え違いをしている」。でも、仏陀がすぐそばで深く瞑想し、いかにして智慧に満ちた心とともにあるかについての観世音菩薩の説教に満足しているのは明白でした。このジレンマはどうしようもありません。

そのとき、舎利子の質問に促されて、観世音菩薩はつづけました。最終目的などないということ、究極の答えや最終地点などもないということを理解し、人と争う感情や人を孤立させるような信念から解放されるとき、そのときこそ「恐れ」がなくなるのだと言いました。ずいぶん前にこの話を聞いたとき、精神的なものに何の関心もなかった私の心に、小さな明かりが灯りました。「恐れがない」という状態についてもっと知りたいと思いました。

この般若心経の教えは、恐れをなくす教えです。不確かであいまいなものに対抗してもがきつづけるのをやめれば、恐れがなくなります。「恐れがない」ことの同義語は「悟り」、全世界と心を開いて真にかかわりあえるということです。忍耐強く訓練をつづければ、私たちもそうなれるのです。何ものにもとらわれずにゆったりとくつろぐことで、徐々に恐れを知らない心を得ることができます。

そのあと観世音菩薩は、「智慧」の真髄、生徒たちを驚かせた経験の本質ともいうべきもの、恐れのない開かれた心の本質を明らかにしました。それはマントラの形になっています。「ガテー　ガテー　パーラガテー　パーラサンガテー　ボーディ　スヴァーハー」。種の中に木があるように、このマントラは、心に「智慧」が満ち、恐れのない状態にあることを内包しています。

トゥルンパ・リンポチェの訳はこうです。「行こう、行こう、向こうへ行こう。すべてを越えて向こうへ行こう。みんな目覚めよ」。これは常に遠くへ遠くへと進もうとする過程、あるいは旅のことを言っています。こうも言い換えることができます。「とらわれを捨てよう、捨てよう、もっと捨てよう、すべて捨てよう、十分に目覚めよ」

私たちが「戦士」の道のどのあたりにいるか、あるいは初心者であるとか何年も実践を積んでいるとかは問題ではありません。私たちは、常にとらわれのない状態を求めて、はるか遠くへと歩いていくのです。「悟り」はすべての終わりではありません。「悟り」、つまり完全に目覚めている状態とは、さらに未知の中へと入り始めることに過ぎません。

観世音菩薩が教え終わったとき、仏陀が瞑想をやめて言いました。「よい、よい。観世音菩薩よ、完璧だった」。そして立ち去りもせず、あるいは心臓麻痺も起こさなかった聴衆は大いに喜んだのでした。恐れを乗り越えて進む教えを聞いて、うれしかったのです。

第19章　神経症的症状

私たちが探し求めている人生の隠された意味とはこうだ。
座禅と日々の実践を通じて、これまで自分が逃げていたものへ立ち戻り、
現在の経験を安んじて受け止めるための力と勇気を培うことだ。
たとえ傷つき、しくじり、取り残され、不公平だと感じても。
――シャーロット・ジョコ・ベック

◎だれでもが通る道

「智慧」に満ちた心や、無条件のボーディチッタとともにあろうとするとき、私たちは自分に何を求めているのでしょう。私たちは何の拠り所もない現在に、心を開いたままとどまるべきだとされています。何ものも間に挟まず、自分の経験とじかにかかわるようにということです。何事もいいほうに向かうと信じてもいけないとされています。何ものにもとらわれないというのは、向こう見ずなようにも思えます。初めのうちは、少しもすばらしいものに思えません。一体どれだけの人が、自分の習慣的なやり方、ほとんど無意識のうちに快適さを求めようとする性癖を、改めることができると感じているのでしょう。

ボーディチッタの訓練をしていると、自分の性癖は解消し始めているだろうと思うかもしれません。日が経つにつれ、もっと心が開き、もっと柔軟になり、もっと「戦士」らしくなっていると思い込みます。でも、実際は、常に実践をつづけているのに、私たちの性癖はさらに強まっています。ヴァジラヤーナ仏教では、このことを「神経症的症状」と呼んでいます。そうしようと思っているわけではありません。ただ、そうなるのです。私たちがなんとなく拠り所のなさを感じ取ったとき、心を開いて柔軟にしていたいと願っているにもかかわらず、いつもの性癖にしっかりとつかまってしまいます。

これは、目覚めの道をたどり始めた人なら、だれでもが経験することです。悟りを開いた人々として、写真の中でにこやかに微笑んでいる人も、一度は神経症的症状に陥り、何か拠り所を求めざるを得なかったはずです。だから、私たちが人の悪口を言ったり、自分にうぬぼれたりするいつものやり方を改めようとするときは、非常に勇敢なことをしているのです。ゆっくりと開かれた状態になっていくのですが、よく見ると、つかまるものもなく、足がかりとなるものもなく、心の拠り所もない状態へと進んでいます。これが「自由」と呼ばれるものなのかもしれませんが、しばらくすると不安な感じがしてきます。

回目覚めつつある「戦士」は常に不安定

実践を重ねた結果、神経症的症状がより強くなる例を、いくつかあげてみましょう。ひとつは宗教的理想から、自分を批判するようになるものです。私たちは自分の精神力を高めるために実践します。「戦士」としての訓練をしているうちに、自分はとうてい及ばないと思ってしまいます。「良い」戦士になろう、「悪い」人間になりたくないと思って訓練していれば、今まで通り、善悪が対立した考え方のままです。完璧に正しい理想的な状態を達成しようとして訓練していると、自分と敵対することになります。これはよくあることなのです。人間ですから。

でも、私たちは自分のしていることをはっきりと見つめ、思いやりの心を持って探求しなければなりません。私たちの心の中では何が起きているのでしょう。自分を無力だと思っているのでしょうか。これまでと同じような人生ドラマを繰り広げようとしているのでしょうか。

これとは反対の例もあります。訓練することで、自分のことを優れた人物だと思い込み、特別な存在であると増長するのです。この訓練をするには勇気がいるのだ、人生を自分の手で変えているのだ、世界でも稀なことをしているのだと、うぬぼれます。教えを実践することで自分のイメージを作りあげ、傲慢さとうぬぼれを増大させていくのです。

いやなものを避けようとするのも、神経症的症状が強まった例です。私たちは重荷を放棄してしまいたいと思いますが、その過程で、人生のなかなか解決できない難問から自分を切り離すために教えを利用してしまいます。パートナーがアルコール依存症であるとか、自分がマリファナ中毒だとか、虐待されているといった事実から目をそらすために、肩の力を抜き、大きな広がりや開放感、思いやりの心へと向かう訓練を熱心にします。胸が悪くなるようないやな気持ちから逃れるために、訓練を利用するのです。

どれにしても、自分がやめることのできない習慣的なやり方をボーディチッタの実践に持ち込んでいます。本来は、自分の性癖から離れようとする訓練であるはずなのに。自分の習慣的なやり方をもっと洞察したいと思うなら、実践や教え、そして教師に対して、自分がどのようにかかわっているかを見るべきです。神経症的症状の中で見られるようなやり方で、自分の必要を満たしたいと思いますか。自分の恐れるものを回避するために教えを利用するのですか。いつものように拠り所となるものを探している自分から目をそらすのは、簡単なことです。

私たちはちょっと自分の殻から抜け出してみては、すぐに心配になって自分の慣れ親しんだものにしがみついてしまいます。どうしてもそうなってしまう自分に常に忍耐と優しさを持っていないと、無我の境地でくつろぐことがすばらしいなどと信じることもできないでしょう。手放すことは自由につながるという確信を徐々に培うようにしなければなりません。常にあるがままの自分を受け入れる訓練をするのです。心を開いているとはどんないい感じかを知るには、時間がかかるのです。

まずはじめに、不安や不快感は古い習慣がだんだんなくなっていくあらわれだ、ということを理解しましょう。自然に心を開いている状態に近づいているということです。トゥルンパ・リンポチェは、目覚めつつある「戦士」は常に不安な状態にあると言っています。私もそう思います。しばらくして私は、動揺がなかなか去らないからこそ、そのことに気づけるのだとわかりました。

恐れをもっと受け入れ、その正体を探ろうとするとき、大きな変化が起こります。歯医者の椅子にでも座っているみたいに緊張して人生を送るのではなく、瞬間瞬間に生きていることを実感し、くつろぐことを学ぶのです。

自分の気分、感情、そして思考を、思いやりを持って探ってみましょう。自分のいつもの反応や戦略を思いやりを持って探ることが、目覚めに向かう道の基本です。いつもの習慣が消え始めたときに確実に消滅していく神経症的症状を、興味を持って見つめましょう。こうして、自分が作りあげた神話を信じるのをやめ、自分に対する批判をやめ、自分自身のエネルギーに対抗するのをやめることができるのです。こうして、私たちは「智慧」に満ちた心とともにあることを学びます。

これは日々おこなわれる実践です。「戦士」の訓練を始めた瞬間から、何ものにもとらわれない無条件の心の自由を完全に信じるようになるまで、私たちは何が起きようとも常にその瞬間に身を委ねます。落ち着いて正確に、自分や他者に対する従来の考え方、何もかも手に入れようとする今までのやり方、ボーディチッタを妨げようとするこれまでのやり方を放棄するのです。自分を励まし奮い立たせながら何年もかけて繰り返し実践すれば、やがて何ものにも拠り所を求めない心を培うことができます。

第20章　たとえ行く手がけわしくとも

自分を取り巻く環境に動じてはいけない。
——アティーシャの精神修養スローガン

回何事にも動じないための四つの方法

ボーディチッタを目覚めさせるために大切なのは、これです。「自分自身も含めて、だれに対しても害をもたらさないようにしなさい。そして毎日できるだけ人の役に立つことをしなさい」。でもこの通りにしようとしたら、そんなに簡単ではないことに気づくでしょう。私たちはちょっとしたことで腹を立て、直接的であれ間接的であれ、人に害をなしてしまうのです。

ですから、真面目に取り組んでいるのにうまくいかないときは、何らかの手助けが必要です。人を攻撃したり非難したりする私たちのいつもの性癖に光を当て、それを覆してくれる基本的な教えを利用するのです。

何事にも動じないための方法は、四つあります。これらは、何かが起こったときに何の考えもなしに反応するのではなく、心を開きつづける忍耐力を与えてくれます。次の四つがその方法です。

一、**弓を射るための的を置かないこと**
二、**心とつながること**
三、**障害物を教師と見ること**
四、何が起きても夢だと思うこと

的を置かなければ、矢が飛んでくることはありません。つまり、攻撃的な言動でやり返すたびに、私たちは怒りっぽくなります。こんなことをしている限り、私たちめがけてたくさんの矢が飛んできます。人の態度に、ますます腹が立ってきます。でも、腹が立つときは、何か違うことをするチャンスです。的を据えれば昔からの性癖が強まりますが、揺るがず平静を保てば、その性癖を弱めることができます。

不安や怒りを抱えたままじっと座っているうちに、私たちはその状態に慣れ、強くなります。これは「幸福のもと」を育む教えです。怒りのままに行動したり、怒りを抑えようとするうちに、私たちはどんどん攻撃的になります。そして「生きた標的」になります。しまいには、何にでも腹が立つようになります。私たちひとりひとりがどのようにして苦しみの種をまいているかを知ることは、とても大切です。

ですから第一の方法は、的を置くのも自分、はずすのも自分だということを理解することです。やり返したくなったら、ほんのしばらくでいいですから、そのままでいるのです。すると、自分や他者を傷つける攻撃的な習慣が消え始めるでしょう。

回いやな人が「教師」になる

二番目は心と結びつく教えです。怒るたびに、私たちは自分たちにすでに備わっている優しさと思いやりに触れることができます。

精神に異常のある人に傷つけられそうになったら、その人は自分のやっていることがわかっていないのだとすぐに理解できます。自分をコントロールできず、人を傷つけることで自分自身をも害していると思うと悲しくなるでしょう。恐ろしいとは思っても、憎しみとか怒りは感じないかもしれません。できたらその人を助けたいと思うかもしれません。

実際のところ、精神異常者と比べたら、分別がありながら人を害する人のほうがよっぽどどうかしています。いわゆる正気の人というのは、攻撃的な態度をとることで混乱や不満の種をまいているということを理解する能力があるからです。攻撃的な態度は、どんどん激しくなっていきます。自分で自分のくだらない連続ドラマを作りあげているようなものです。このような人生は、痛々しく、寂しいものです。人に害をおよぼす人は、苦しみを永遠に生み出しつづける自分のやり方から抜け出せずにいるのです。

ですから、二番目の方法は、心と結びつくことです。私たちを害する人をこれ以上怒らせないでおきましょう。私たちも、これ以上腹を立てる必要はありません。何百万という人が、私たち同様に怒りの炎に焼かれているということを理解しましょう。激しい怒りとともにとどまり、そのエネルギーを謙虚に受け止めれば、思いやりがあふれてきます。

三番目の教えは、困難なことを自分の教師とすることです。人に害をなさない方法を教えてくれる教師がひとりもいなくても、恐れることはありません。人生そのものが、あるがままに平静を保つ方法を学ぶ機会を与えてくれます。意地悪なお隣さんがいなかったら、どこで忍耐を学べばいいのでしょう。威張り散らす上司がいなかったら、怒りのエネルギーを心から理解することで、怒りが持つ破壊的な力をなくせることをどうやって知ることができるのでしょう。

教師は常に私たちとともにいます。私たちが今どこにいるかを常に的確に教えてくれます。いつもどおりの神経症的な言動を繰り返さないようにと励まし、自分を抑制したり孤立させたりしないようにと励まし、苦しみの種をまかないようにと励ましてくれます。そうした教師である、私たちを脅かしたり侮辱したりする人に、これまで一万回もやってきたようなやり方でやり返しますか。それともちょっと賢くなって、じっと平静を保ってみますか。

かんしゃくを起こしそうになったり、いやなことはただひたすら忘れたいと思うとき、思い出してください。私たちは、居心地の悪い場所であっても、いかにしてとどまるかということを教えられた「戦士」の見習いなのです。勇気を持って現実にとどまり、くつろぐことができるかが、常に試されているのです。

問題は、私たちが教えに従おうとすると、非常にくそ真面目で頑固になる傾向があるということです。くつろごう、忍耐強くあろうとして、逆にがちがちに身構えてしまいます。

そのために四番目の教えがあります。怒っている人も、怒りそのものも、怒りの対象も、夢のようなものと考えるのです。自分の人生を、つかのま自分が主役の映画と思ってください。落ち着いて、事態を重大なことと考えるのではなく、大したことはないと考えるのです。こう自問しましょう。「あんなに怒っているこの私は一体だれ？　こんなふうに私を怒らせた相手は一体だれ？　釣り針に引っかかる魚のように、罠にはまるネズミのように、私が引っかかってしまうこの賞賛や非難とは一体何だ？　希望から恐れへ、幸福から悲惨へと、なぜ私は状況に振り回されて、くるくる変わるのだろう？」こうして大げさなあがき、大げさな自分、大げさな他者を、しっかり見つめてみるのです。

自分を取り巻く環境と同時に、自分の感情も、自分へのこだわりも、思い出のようなもの、映画か夢のようなものとして熟視しましょう。眠りから覚めるとき、私たちは夢の中の敵たちがすべて幻であったとわかります。そう認識すれば、パニック状態も恐れもなくなってしまいます。

攻撃的になっている自分に気づいたら、思い出してください。人に打撃を与えたり、逆にその感情を抑え込んだりすることに意味はありません。嫌ったり恥じたりすることも同じです。少なくとも自分の考えに疑問を持つことです。目覚めているときも眠っているときも、私たちはひとつの夢から別の夢へと移っているようなものです。

怒りを別のものに変え、少しばかり忍耐強くなるためのこの四つの方法は、十一世紀チベットのカダンパの指導者たちから授かったものです。これらの教えは、過去においては未熟な「菩薩」たちを励ますためのものでしたが、現代でも十分通用します。このカダンパの指導者たちは「ぐずぐずするな」と言いました。このときこの瞬間にもこれらの教えを用いよ、「もう少しゆとりができたらやってみよう」などと言うなと私たちをせきたてます。

第21章　心の友

心の友の本当の役目は、侮辱することだ。
――チョギャム・トゥルンパ・リンポチェ

回自分に本来備わっている知恵を信じる

訓練中の「戦士」は、熟達した戦士や教師など、その分野に精通し、進むべき道を示唆してくれる「心の友」を必要とします。師弟関係といっても、そのレベルにはいろいろあります。本を読むとか、特定の師の教えを聞くだけで十分と思う人もいるでしょう。また、正式に師弟関係を結び、いつも指示を仰ぎたいと思う人もいます。後者のような関係は、多くの人にとってとても意義のあるものです。生徒がはじめから教師を無条件に信頼し、抱えている問題について一緒に熱心に取り組むということは、めったにないことです。私たちはそれほど他人を信頼しませんし、自分の素顔を簡単には見せたがりません。実際、私たちは、自分を丸ごと受け止める「マイトリ」もまだなく、この教師は信頼できるという確信もないのに、そんな関係に飛び込んでいくほどばかではありません。マイトリや信頼は、「心の友」と深いかかわりを持つためにぜひとも必要なものです。

一九七四年に、私がトゥルンパ・リンポチェに彼の生徒になってもいいかと尋ねたときも、無条件の関係を結ぶ心構えは、まったくできていませんでした。でも私は生まれてはじめて、何ものにもとらわれない人、決して流されない心を持った人に出会ったのでした。

彼は魅力的でした。彼の指導を受けながら、私もそんな人間になれるのだと思いました。彼にはどんなごまかしも通らなかったからです。彼は人々の気持ちをとらわれから切り離す方法を知っていました。私もその切り離しを体験しました。はじめは恐ろしさを感じましたが、実にさわやかな気分になりました。それでも、その関係に完全に身を委ねられるほどの信頼とマイトリを培うのには、何年もかかりました。エゴを脅かす人物に近づくには、時間がかかるのです。

教師との関係というのは、無条件の愛と信頼へと発展するか、そうでないかのどちらかです。成り行きにまかせるほかありません。どうなるにしろ、教師との関係については、自分の本来備わっている知恵を信頼しましょう。これは、自分を落ち着きを持って眺めるいい訓練になります。

「戦士」の世界では、教師も生徒も十分に目覚めており、教師と生徒の間には「心の出会い」があると言われています。教師の役割は、生徒でも教師でも「目覚めた心」に変わりはないということを生徒に気づかせることです。どこかで、師弟関係に大きな変化が訪れます。いつも自分の神経症的症状を認識するばかりだった生徒が、自分に本来備わっている知性や優しさを確信し始めるのです。これはすばらしい変化です。自分自身への信頼が育たない限り、教師とともにさらに遠くへ行くことは不可能なのです。

いったん無条件の関係に入る準備ができたなら、そこから私たちは、どうしたらどんな場合にも「不動の心」でいられるかを学ぶことができます。ひとりの人とここまでの関係を築けたら、教師に対してだけではなく、すべての経験に対して心を開けるようになります。教師はひとりの成熟した人間であって、何か精神的な模範となるものではありません。その点では、ほかのどんな関係もそうであるように、教師のここが好き、ここが嫌いという気持ちが生じます。わけのわからない不安感でいっぱいになるかもしれません。この関係で私たちは、好ましいものだけでなく、人生全般を喜んで受け入れられるほどに自分の心が大きいかどうかがわかります。私たちが「心の友」に対して、どこまでなら不動の心でいられるか、暴力と優しさ、残酷さと勇気の入り混じったありのままの世界を、どこまでなら自然に受け入れられるか、というふうに。そして、信じられないくらいに心を開いている自分に気づきます。

回熟練した教師は自分を映す「鏡」

「戦士」の訓練は、人生に積極的にかかわることを教えてくれます。どんな感情もどんな行為も、愛や思いやりに値しないものはありません。どんな人もどんな状況も、受け入れられるものなのです。だから、訓練と指導が重要なのです。問題は、私たちがどれだけ指導を受け入れられるかです。窮屈で厳しい規則がない代わりに、コースからはずれたときに教えてくれる人、その言葉に従いたいと思える人が必要です。

教師というのは非常に懐が深く、目覚めようとする生徒に対して、とても誠実に対応してくれます。この熟練した「戦士」は、本人が困惑してしまうほどはっきりと、その心を映し出す「鏡」のような働きをしてくれます。自分と教師に対して信頼が深まれば深まるほど、私たちの心はよりはっきりと映し出されるようになります。やがて、ゆっくりとですが、出会う人すべてが自分の教師だと思うようになります。「すべての人に感謝しなさい」という精神修養スローガンの意味が、よくわかるようになります。

でも、教師が全知全能で、私たちには知恵がない、などと思ってはいけません。それは、期待し過ぎであり、恐れ過ぎです。もし教師に疑問を持ってはいけないと言われていたら、私は生徒として長続きしなかったことでしょう。私は、批判的な考えや懸念は、いつでも恐れることなく口にしなさいと言われました。権威や規則を常に疑えと言われました。

教師と生徒の心が出会うのは、その教師がまったく正しいとか、すべて間違っているとかの判断の中でではありません。善と悪の中間のあいまいなところ、不確かさや矛盾を含んでいるところで出会うのです。でなければ、教師だと思って敬っていたのに、一皮向けば違っていたということになりかねません。自分の思っていた教師とは違うからと逃げ出すのです。その人の政治的見解が嫌いだとか、肉を食べる、酒を飲む、タバコを吸うのも許せません。

組織の方針が変わったのが気に入らないとか、自分は歓迎されていない、無視されていると言って関係を断つこともあります。最初の間は親密にしています。歓迎され、愛されたいという思いから、教師と自分との関係に熱中します。当然、その期待は失望に変わり、どうしようもない感情のもつれが生じてきます。自分は利用され、裏切られたと感じ、幻滅します。こんな辛い気持ちには耐えられないと言って、去っていきます。

最も大切なのは、自分の心にどう対応するかということです。いったん正当化や非難などを始めてしまうと、私たちの心はとても狭くなります。どんな形であれ心を閉じることは、苦しみを増大させるだけです。そして、「教師は完璧であり、絶対に間違えない」とか、「あの先生は大ぼら吹きだから信頼できない」といった見方をしてしまいます。どちらも、心が凍りついている証拠です。私たちは大きく開かれた心、澄み切った広い心について話すのが大好きです。でも、私たちの生活から拠り所となるものが一切なくなったときの大きな開放感を、私たちは味わうことができるのでしょうか。

たとえ教師のもとから去っても、正当化することも非難することもなく、ただ苦しみや失望とともにとどまることができるなら、その教師は私たちを十分に導いたことになります。こんな状態での実践は、「打ちひしがれたときでも実践できるなら、訓練はうまくいっている」というスローガンの最良の例かもしれません。

「心の友」と一緒に訓練することで、私たちは無条件に愛し、愛されることを学びます。私たちは、このような愛に慣れていません。それは、だれもが望むことですが、無条件に愛することは難しいのです。私の場合、愛することも愛されることも、私の師をよく見ることで学びました。彼が無条件に他者を愛する姿を見て、私のこともそのように愛してくれると信じることができました。だれに対しても背を向けないということの意味を知りました。

いつだったか、感動的なことがありました。トゥルンパ・リンポチェの古い生徒のひとり、ジョーは情緒不安定で、いろんな人と問題を起こしていました。リンポチェは、ジョーの乱暴な振る舞いに不平をこぼすほかの生徒たちを、無視しているように思われました。ところが、ジョーがある女性を激しくののしり、平手打ちしたとき、リンポチェは、「出ていけ！　ここから今すぐ出ていってくれ！　二度と顔も見たくない！」と叫びました。

ジョーはひどいショックを受け、立ち去りました。ほかの生徒たちはリンポチェのまわりに集まってきて、言いました。「ジョーを追い出してくださって本当にうれしいです。昨日もひどいことをしていたし、今朝もああだったんです。ありがとうございました」。先生はまっすぐに立っておっしゃいました。「あなたたちはわかっていないようだね。ジョーと私は最高にいい友達なんだよ」。私はそのとき、もしそれが私たちの目覚めに必要であるなら、トゥルンパ・リンポチェは、きっと走ってくる列車の前にも立ちはだかってくれるだろうと感じました。

自分に対しても他人に対しても、何の条件もつけずにかかわっていくこと、これが「限りない愛」なのです。教師の生徒への愛は、「思いやり」としてあらわれます。生徒の教師への愛は、帰依《きえ》です。この互いの暖かさ、心のつながりがあってこそ、私たちは精神的に出会えるのです。服従しえないものに服従できるのも、訓練中の「菩薩」をはるか先へと進ませてくれるのも、このような愛なのです。「心の友」との関係は、私たちを恐れずに前進させ、世界の探求へと向かわせてくれるのです。

第22章　どっちつかずの状態

禅の奥義を端的に言いあらわせば、「常ならず」である。

――鈴木俊龍老師

回永遠の暖かさの中で平静を保つ

完全に手放すことが心地よいと感じられるようになるには、訓練を積む必要があります。でも、実際は「しがみつくものが何もない」というのは、「幸福のもと」となるものです。自分が何ものにも支配されないと思うとき、自由を感じます。自分が最も避けたいと思っているものに立ち向かおうとするとき、私たちの心に築かれた壁は崩れていきます。

「しがみつくものが何もない」ということは、何をすればいいかわからないという、どっちつかずの感覚をもたらします。私たちは一方で、食べたり飲んだり、煙草を吸ったり異性と交際したりすることに満足を求めることに、うんざりしています。また、いろんな信念や理想、主義といったものにも飽き飽きしています。でも、その一方で、外的なものから最高の幸せが得られると信じたい気持ちもあります。

「戦士」は、このどっちつかずの状態で長い時間を費やし、成長していきます。私たちは、ピザを食べたりビデオを見たりする楽しみのために、どんなことでもしようとします。でも、こうしたことがどんなに楽しくとも、苦しみに対抗できるほどのものではないことがわかっています。特に何か重大なことが起きたとき、それがよくわかります。たとえばガンを宣告されたとき、ピザを食べても元気にはなれません。愛する人が亡くなったり去っていったりしたときは、楽しい場所へ出かけても心は晴れません。

私たちは、楽しみを追い求めると苦痛がもたらされることや、苦痛から逃れようとしても無駄だということは知っています。また、目覚めること、他者と結びつくこと、自分の開かれた心を信頼することから喜びがもたらされることも知っています。でも、このどっちつかずの状態、つまり外的な慰めを求めることから抜け出しているでもなく、かといって、永遠の暖かさの中で平静さを保っているわけでもない状態については、それほど教えられてはいません。

不安や悲しみ、か弱さというのは、このどっちつかずの状態の特徴です。たいていは、こうした状態は避けたいと思います。でも、もがいたり不平をこぼすのではなく、あえてこの中間でとどまるようにします。そういう状態にいることを恐れないで、そこで安らぐのです。どっちつかずの未知の場所の居心地の悪さに慣れれば、私たちの心はもっと優しくなれます。勇気を出してこの場所にとどまれば、思いやりの心は自然と湧いてきます。知らないことで、知ることを望まないことで、あるいは何が起きているのかわかっているような気にならないことで、私たちは自分の内面の本当の強さを理解するのです。

たしかに、安心が欲しくなるのは、もっともなことです。もしこの状況を正しいとか間違っていると決めることができたら、どんなふうにであれはっきり捉えることができたら、私たちはいつもの場所にいるのです。でも、習慣的なやり方がいったん大きく揺るがされると、もうそれはもとのようには機能しないものです。気まぐれなエネルギーとともにとどまることが、そのエネルギーのままに行動したり逆に抑え込んだりするよりも快適になってきます。

この限りなく優しい場所が、ボーディチッタなのです。ボーディチッタととどまることで、私たちは癒されます。もはや、自分だけが大切という考えはなくなります。こうして「戦士」は、愛することを学ぶのです。

◎「悟り」の瞬間

座禅も同じです。何かが心に浮かんだら、それを優しい心で受け止め、手放します。思考や感情が湧いては消えます。心に浮かぶものは、強いものも弱いものもあります。強い感情とともにとどまるのはとても不快ですから、私たちは何とかそれを払いのけようとします。そんなときは、自分の呼吸に意識を集中することで、強い感情のエネルギーとともにとどまれるように、自分を優しく励ましましょう。これが心を開きつづけるための基本的なマイトリの訓練です。

どっちつかずの場所でとどまるには、正しいと同時に間違っているものがあったり、強くて愛情に満ちた人が、ときに怒りっぽくケチくさくなったりするという矛盾について、学ぶ必要があります。何かがうまくいかないと感じるとき、私たちは自分を責めるでしょうか、それとも自分は欠点もあるけれど長所もあると思うでしょうか。自分を許し、自分の善良で優しい心を信じられますか。いやな気持ちになったとき、だれかのせいだと怒るのですか。それとも「愛情深くあらねば。人を責めるのはよくない」と自分を無理に抑えますか。

私たちがしなければならないのは、居心地の悪さとともにとどまることであって、はっきりとした結論を出すことではありません。瞑想やトンレンをしたり、あるいは、ただ空を眺めたりするだけでもいいのです。結論を出すことなく、何とかしてその瞬間にとどまれるなら、何をやってもいいのです。

何かが不快で恐ろしいと思うとき、言い争いをしているとき、医師から精密検査が必要だと言われたとき、私たちは何かを責め、どちらかの側に立ち、しっかりした拠り所が欲しいと思っている自分に気づきます。何か解決策が欲しいと思います。いつもの考え方にしがみつきたいと思います。

でも「戦士」にとって、「正しい」考えとは、「間違っている」考えと同じくらい極端です。どちらも、私たちの持って生まれた知恵の妨げになります。分かれ道に立って、どちらへ行こうかと迷うとき、私たちは「悟り」につながる場所にいるのです。分かれ道は「戦士」にとって大切な場所です。そこは、私たちの凝り固まった考えをほぐしてくれる場所なのです。

矛盾を抱え込むというのは、だれにでもすぐできることではありません。だからこそ、不確実で、あいまいで、不安定な現実の中で、私たちは一生訓練しつづけなければばならないのです。どっちつかずの状態にとどまるようにしていると、恐れることなく未知のものと出会うことができるようになります。生と死の現実に直面できるようになります。

この状態は、「戦士」がだんだんと手放すことを学んでいくには完璧な場所です。そのときに気分が落ち込むとか、逆に奮い立つとかは問題ではありません。正しいやり方というものも、まったくありません。だからこそ、思いやりや勇気、自分をあるがままに受け入れる心には、活力があるのです。これらがあれば、すべてのものは常に変化していること、私たちが感じることができるのは「今」という瞬間だけであって、未来はまったく予測不可能で、それゆえとても自由だということを知り、今の自分に正直になれるのです。

訓練をつづけるうちに、私たちはいつも満足ばかりを探し求めている小さな自分を乗り越えていきます。嘘でもなく真実でもないもの、純粋でも不純でもないもの、良くも悪くもないものを受け入れられるほど、大きくなった自分を発見します。それにはまず、私たちは拠り所のない状態の豊かさに感謝し、そこにとどまらねばなりません。

このどっちつかずの状態について知ることは大切です。でないと私たちは、「戦士の道はこうだ」と決めつけてしまいます。まったくの自由か、何かにとらわれている状態か、というふうに。実際、私たちは長い間、この中間にとどまることになります。この活気に満ちた場所は、実りの多い場所です。完全にここにとどまることが、つまり、今この瞬間を、はっきりと、揺るぎない心で捉えることが、「悟り」と呼ばれるものなのです。

結びの願い

この本のもたらす知恵も含めて、私がこれまでの人生をかけて培ったもののすべてを、この世のあらゆる存在の幸福のために捧げます。

苦しみのもとが減少しますように。戦争、暴力、放棄、無関心、常習癖も減少しますように。

あらゆる存在の知恵と思いやりが、今も、そして将来においても増えますように。

他者との間に築いた壁が、夢と同じくらい空疎なものだと、はっきりとわかりますように。

すべての現象の完璧さが理解できますように。

あらゆる存在のために休みなく働けるよう、ずっと心と精神を開いていられますように。

恐れている場所に、私たちがたどりつけますように。

戦士として生きていけますように。

訳者あとがき

この年のはじめ、私は少々腹を立てていました。古い友人がくれた年賀状が気に入らなかったのです。「東京に住む息子が歯科医院を開業し、ベンツを買ったので、正月は温泉で過ごそうとむかえに来てくれた。それで賀状が遅れた。今年もよろしく」。ただこれだけの内容だったのに、私は、正月早々自慢することないでしょうと、ぷりぷりしながら、締め切りが迫っているこの本の仕事に戻ったのでした。

机にすわって、本書の「願い」の実践についての章あたりを見なおしながら、ふと、私はなぜ彼女の年賀状に腹を立ててしまったのだろうかと思いました。なぜ、楽しくてよかったね、と素直に喜んであげられなかったのだろう、と。結局、私はお金持ちで優しい息子さんを持っている友人に妬みを感じ、自分で勝手に不愉快な感情を作り上げていただけなのだと気がつきました。著者の言うように、妬みから「心の壁」を築いてしまったのです。

年賀状の件はちょっとした発見でしたが、試みに、著者の言う「願い」をいろいろな相手にしてみると、確かに自分の心が透けて見えます。「心の壁」が見えてきます。

数年前に、広島で若い妻と幼い赤ん坊が、当時十八歳の青年に無残にも殺されました。

テレビで見た、被害者の若い夫の言葉が印象的でした。「残された者たちは、憎しみから立ち直るためにも、苦しまなければならないんです」。彼は妻子を失った悲しみからだけでなく、憎しみからも立ち直らなければと、必死にがんばっている。彼のためになら、幸福になりますようにと心から願えました。でも、反省の色もうかがえないという犯人に対しては、無理でした。山のように高い「心の壁」があります。恐らく若い夫の心の中にもこれとよく似た、空までとどく壁があるのでしょう。この「心の壁」がある限り、苦しみはつづくと著者は言います。

本書は二〇〇一年八月にアメリカで出版されました。痛ましい同時多発テロ事件の直前です。そのあとも、あるいはそのあとだからなお、なのでしょうか、この本はアメリカで多くの人に読まれつづけてベストセラーとなりました。苦しみは後をたちません。この苦しみからどうやって抜け出せばいいのでしょう。著者はひとつの解答を示してくれています。

最後に、この本の翻訳にあたり、はまの出版編集部の方々にはたくさんの助言と励ましをいただき、心から感謝いたします。

えのめ有実子

二〇〇二年一月

アペンディクス：実践

●アティーシャの精神修養スローガン

ポイント一　準備――仏陀の教え（ダンマ）の実践の基礎

一、まず、準備の訓練をしなさい。

ポイント二　主たる実践――ボーディチッタの訓練

（無条件のボーディチッタのスローガン）

二、すべての教えを夢とみなしなさい。

三、まだ身の内に潜む「気づき」の性質を知りなさい。

四、自分の身を守るものも含め、すべてを解き放ちなさい。

五、自己の本質（アラヤ）とともにありなさい。

六、瞑想の後も、アラヤとともにとどまりなさい。

（相対的なボーディチッタのスローガン）
七、送り出しと取り込みを交互におこない、これらを呼吸に乗せなさい。
八、三つの対象、三つの毒、三つの美徳の種。
九、何事もスローガンとともに訓練しなさい。
一〇、送り出しと取り込みはまず自分自身から始めなさい。

ポイント三　悪しき環境を悟りの道とする

十一、世界が悪で満ちているとき、すべての災いを悟りの道としなさい。
十二、すべての非難を一か所に集めなさい。
十三、すべての人に感謝しなさい。
十四、混乱を四つの状態と見ることは、シュンヤータ（空）の最高の防御である。
十五、四つの実践は最良の方法である。
十六、突然何が起ころうとも、瞑想しなさい。

ポイント四　実践を人生に生かす

十七、心の教えの要約、「五つの力」を実践しなさい。
十八、五つの力とは、死を意識的に迎えるマハーヤーナの教えのことである。

つまり、いかに振る舞うかが重要である。

ポイント五　精神修養の評価

十九、仏陀の教えはすべて一点に収束する。
二〇、二人の目撃者なら、自分を信じなさい。
二一、常に喜びの心のみを保ちなさい。
二二、打ちひしがれたときでも実践できるなら、訓練はうまくいっている。

ポイント六　精神修養の規律

二三、常に三つの根本原則とともにありなさい。
二四、態度を変えなさい、ただしそれが自分にとって自然であるように。
二五、傷ついた手足について話してはいけない。
二六、他者のことをあれこれ考えてはいけない。
二七、まず最大の汚辱から取り組みなさい。
二八、達成を期待してはいけない。
二九、毒のある食べ物を捨てなさい。
三〇、予測を捨てなさい。

三一、他者を中傷してはいけない。
三二、待ち伏せをしてはいけない。
三三、苦痛を人のせいにしてはいけない。
三四、雄牛の荷物を雌牛に乗せてはいけない。
三五、一番になろうと思ってはいけない。
三六、ひねくれた想像をしてはいけない。
三七、すばらしいものを邪悪なものにしてはいけない。
三八、他者の不幸を自分の幸福としてはいけない。

ポイント七　精神修養の概要

三九、すべての活動は、ひとつの意図のもとにおこないなさい。
四〇、ひとつの意図のもとに、すべての悪を正しなさい。
四一、二つのおこない。ひとつは始めに、ひとつは終わりに。
四二、そのいずれの場合も、我慢強くありなさい。
四三、苦境に陥ったときも、この二つをよく見つめなさい。
四四、三つの困難について訓練しなさい。
四五、三つの主要な原因を受け入れなさい。

四六、その三つは決して弱まることはないことを心にとめておきなさい。
四七、この三つは分離せずに保ちなさい。
四八、どの分野も偏りなく訓練しなさい。常に心を込めておこないなさい。
四九、怒りを感じるときにも常に瞑想しなさい。
五〇、自分を取り巻く環境に動じてはいけない。
五一、今こそ、中心的な項目を実践しなさい。
五二、誤解してはいけない。
五三、ためらってはいけない。
五四、心から訓練しなさい。
五五、調査し分析することで自分を解放しなさい。
五六、自己憐憫に陥ってはいけない。
五七、ねたんではいけない。
五八、軽薄であってはいけない。
五九、賞賛を望んではいけない。

●四つの限りない特性の詠唱

すべての生きものが幸福と幸福のもとを享受できますように。

すべての生きものが苦しみと苦しみのもとと無縁でありますように。

すべての生きものが苦しみのない大いなる幸福を得られますように。

すべての生きものが衝動、争い、偏見とは無縁な、大いなる静けさの中で暮らせますように。


それぞれの詠唱は「四つの限りない特性」のことをあらわしています。一番目は「愛あふれる優しさ」、二番目は「思いやり」、三番目は「喜び」、四番目は「平静さ」です。私は「すべての生きもの」のところを「私たち」に置き換えたりします。ほかのあらゆる存在も含めて、自分もこの四つの特性を経験したいという願いを強めることができるからです。

●「愛あふれる優しさ」の実践

愛あふれる優しさの実践では、古くから「四つの限りない特性の詠唱」のうちの第一番目、「すべての生きものが幸福と幸福のもとを享受できますように」という詠唱が用いられています。

一、あなた自身のために愛あふれる優しさを目覚めさせます。「私が幸福と幸福のもとを享受できますように」。あるいは自分にふさわしい言葉に置き換えましょう。

二、自分の愛する人のために愛あふれる優しさを目覚めさせます。「（　）が幸福と幸福のもとを享受できますように」と願うか、自分の言葉に置き換えてみましょう。

三、友人のために愛あふれる優しさを目覚めさせます。友人の名前を入れて、同じようにその人の幸福を願いましょう。

四、特に親しくない人のために愛あふれる優しさを目覚めさせます（同じように願いを言いましょう）。

五、自分の嫌いな人、苦手な人のために愛あふれる優しさを目覚めさせます（同じように願いを言いましょう）。

六、ここまでの五段階の人すべてのために、愛あふれる優しさを押し広げます（この段階を「完全に壁を取り払う段階」と言います）。唱えましょう。「私や私の愛する人、友達、特に親しくない人、嫌いな人、みんなが幸福と幸福のもとを享受できますように」

七、世界のすべての存在に愛あふれる優しさを向けます。身近なところから始めて、人の輪をさらに広げるのです。「すべての存在が幸福と幸福のもとを享受できますように」

●「思いやり」の実践

思いやりの実践は、二番目の詠唱、「私たちが苦しみと苦しみのもとと無縁でありますように」から始め、愛あふれる優しさの実践と同じように七段階を踏みます。

一、自分自身に向けて思いやりを目覚めさせます。「私が苦しみと苦しみのもとと無縁でありますように」。または、自分の言葉で願いましょう。

二、自然と思いやりの心が湧いてくる相手または動物のために思いやりを目覚めさせます。「（　）が苦しみと苦しみのもとと無縁でありますように」。または自分の言葉で言いましょう。

三、友人に向けて思いやりを目覚めさせます（同じように願いを言いましょう）。

四、特に親しくない人への思いやりを目覚めさせます（同じように願いを言いましょう）。

五、嫌いな人への思いやりを目覚めさせます（同じように願いを言いましょう）。

六、以上の五段階の人すべてへ思いやりを目覚めさせます（同じように願いを言います）。

七、世界のすべての存在へ向けて思いやりを目覚めさせます。身近なところからだんだんと遠くへ広げていくのです。「すべての存在が苦しみと苦しみのもとと無縁でありますように」

このように七段階を踏むことで、「喜び」と「平静さ」の能力も目覚めさせましょう。自分の言葉で言ってもいいですし、「四つの限りない特性の詠唱」の三番目を用いて「私も含めすべての人が苦しみのない大いなる幸福を得られますように」としてもいいです。また四番目の詠唱を利用して「私を含めすべての人が、衝動、争い、偏見とは無縁な、大いなる静けさの中で暮らせますように」としてもいいです。

●三段階の願い

私が幸福と幸福のもとを享受できますように。
あなたが幸福と幸福のもとを享受できますように。
すべての存在が幸福と幸福のもとを享受できますように。

この三段階の願いは、思いやりや喜ぶ力、平静さを目覚めさせるためにも同様に用いることができます。また、自分自身の言葉に置き換えることも、いっこうにかまいません。

ソギャル・リンポチェ『チベットの生と死の書』
大迫正弘・三浦順子（訳） 講談社, 1995.

■その他

Jarvis Jay Masters. *Finding Freedom: Writings from Death Row*. Junction City, Calif.: Padma Publishing, 1997.

Shunryu Suzuki. *Zen Mind, Beginner's Mind*. New York and Tokyo: Weatherhill, 1996.

チョギャム・トゥルンパ『シャンバラ—勇者の道』
沢西康史（訳） めるくまーる, 2001.

Patrul Rinpoche. *The Words of My Perfect Teacher*. The Padmakara Translation Group（訳） Boston and London: Shambhala Publications, 1998, pp. 195-217.

Sharon Salzberg. *Lovingkindness: The Revolutionary Art of Happiness*. Boston and London: Shambhala Publications, 1995.

Thich Nhat Hanh. *Teachings on Love*. Berkeley: Parallax Press, 1997.

■アティーシャの精神修養スローガンについて

Pema Chödrön. *Start Where You Are: A Guide to Compassionate Living*. Boston and London: Shambhala Publications, 1994.

Dilgo Khyentse. *Enlightened Courage*. Ithaca, N. Y.: Snow Lion Publications, 1993.

Jamgon Kongtrul. *The Great Path of Awakening: A Commentary on the Mahayana Teaching of the Seven Points of Mind Training*. Boston and London: Shambhala Publications, 1987.

Chögyam Trungpa. *Training the Mind and Cultivating Loving-Kindness*. Judith L. Lief（編） Boston and London: Shambhala Publications, 1993.

Alan B. Wallace. *A Passage from Solitude: Training the Mind in a Life Embracing the World*. Zara Houshmand（編） Ithaca, N. Y.: Snow Lion Publications, 1992.

■トンレンの実践について

Pema Chödrön. *Tonglen: The Path of Transformation*. Tingdzin Ötro（編） Halifax, N. S.: Vajradhatu Publications, 2001.

参考資料

■ボーディチッタの教えについて

Patrul Rinpoche. *The Words of My Perfect Teacher*. The Padmakara Translation Group（訳） Boston and London: Shambhala Publications, 1998, pp. 195-261.

Shantideva. *The Way of the Bodhisattva*. The Padmakara Translation Group（訳） Boston and London: Shambhala Publications, 1997.

Shantideva. *A Guide to the Bodhisattva's Way of Life*. Stephen Batchelor（訳） Dharamsala: Library of Tibetan Works and Archives, 1998.

ソギャル・リンポチェ『チベットの生と死の書』
大迫正弘・三浦順子（訳） 講談社, 1995.

チョギャム・トゥルンパ『タントラへの道』
風砂子・デ・アンジェリス（訳） めるくまーる, 1981.

チョギャム・トゥルンパ『タントラ　狂気の智慧』
高橋ゆり子・市川道子（訳） めるくまーる, 1983.

■四つの限りない特性について

Kamalashila. *Meditation: The Buddhist Way of Tranquility and Insight*. Glasgow: Windhorse, 1992, pp. 23-32, 192-206.

Longchenpa. *Kindly Bent to Ease Us*. H. V. Guenther（訳） Berkeley: Dharma Publications, 1975-76, pp. 106-22.

http://www.hamano-shuppan.co.jp

●著者の連絡先
Gampo Abbey
Pleasant Bay, NS
Canada BOE 2PO
phone: (902) 224-2752
fax: (902) 224-1521
e-mail: office@gampoabbey.org

チベットの生きる魔法
苦しみも怒りも「喜び」に変えて 心安らかに暮らす知恵

二〇〇二年二月二十八日 初版第一刷発行

著 者 ペマ・チョドロン
訳 者 えのめ有実子
発行者 濱野 晃
発行所 株式会社はまの出版
〒一〇二―〇〇七四 東京都千代田区九段南二―五―十 久我ビル
電 話 〇三―三二三四―九七七九
FAX 〇三―三二三四―九八四〇
振 替 〇〇一三〇―一―一一五五一四
印刷所 萩原印刷株式会社
製本所 加藤製本株式会社
Printed in Japan
ISBN4-89361-343-X C0036